XIAOXING LINGSHOUDIAN
YUNYING JISHU SHENGJI

小型零售店
运营技术升级

组织化终端建设教材编写组◎编著

SPM
南方出版传媒
广东经济出版社
·广州·

图书在版编目(CIP)数据

小型零售店运营技术升级／组织化终端建设教材编写组编著. —广州：广东经济出版社，2021.9
978-7-5454-7867-9

Ⅰ. ①小… Ⅱ. ①组… Ⅲ. ①零售商店—运营管理—教材 Ⅳ. ①F713.32

中国版本图书馆CIP数据核字（2021）第151407号

出 版 人：李　鹏
责任编辑：易　伦
责任技编：陆俊帆
责任校对：李玉娴

小型零售店运营技术升级
XIAOXING LINGSHOUDIAN YUNYING JISHU SHENGJI

出版发行	广东经济出版社（广州市环市东路水荫路11号11~12楼）
经　　销	全国新华书店
印　　刷	珠海市国彩印刷有限公司（珠海市金湾区红旗镇永安一路国彩工业园）
开　　本	787毫米×1092毫米　1/16
印　　张	15
字　　数	230千字
版　　次	2021年9月第1版
印　　次	2021年9月第1次
书　　号	ISBN 978-7-5454-7867-9
定　　价	48.00元

广东经济出版社网址：http://www.gebook.com　微博：http://e.weibo.com/gebook
图书营销中心地址：广州市环市东路水荫路11号11楼
电话：（020）87393830　邮政编码：510075
如发现印装质量问题，影响阅读，请与本社联系
广东经济出版社常年法律顾问：胡志海律师

本书编委会

主　编：于纪刚　韦德文　王吉斌　尹健康

副主编：蔡　军　刘　颂　黄飞杰　潘文富

主　笔：潘文富

编　委：王　伟　左少燕　朱　峰　刘一之

刘新滕　刘文辉　刘亮杰　李先舸

毕玉滨　赵扬帆　钟伟强　高　林

潘晓龙　魏守宝　丁　杰　龚　强

序　言

传统零售店，现在到了需要转型升级的时候了。

商业运营的核心是“匹配”，即终端的运营方式要与市场环境相匹配，这样才能确保赢利，确保可持续发展。在当前，大卖场、连锁便利店、无人售货机、网店的大量出现，已经大大改变了消费者的购物习惯。消费者的选择面越来越广，选择权越来越大，因此，他们对购物场所的便利性、现场环境、价格透明度、服务质量等有更高的要求。

世界上没有一劳永逸且一帆风顺的生意。再高级的汽车，当行驶到一定的公里数时也得做保养，生意同样如此。面对市场环境的变化，传统零售店不能再固守传统的经营方式，而是要重新看待市场环境，重新认识消费者，重新看待竞争对手，重新看待今天的生意。

学习之前，先放空自己，将经验归零。也许你已经积累了多年的生意经验，但过去的经验不足以支撑今天的生意，你要对这些经验进行梳理，甚至要把自己当成一张白纸，以重新创业的心态来看待生意。

为了帮助大家更好地梳理当前的生意，提升经营水平，特成立组织化终端建设教材编写组，经过多次走访调研，并结合多家门店的转型升级经验，编写了这本《小型零售店运营技术升级》，希望能给大家提供指导和帮助。

目录

第一章　经营思想调整

第一节　小型零售店的基本发展导向 …… 3
第二节　市场没有淘汰任何一个老板 …… 5
第三节　门店生意不好，别把气撒在电商头上 …… 8
第四节　小型零售店该补上零售这门课了 …… 11
第五节　店老板，你真的有服务意识吗 …… 15
第六节　别人没有的服务才是服务 …… 17
第七节　门店销售工作的“三部曲” …… 20
第八节　面对顾客，老板思维的三个层面 …… 23

第二章　当前生意分析

第一节　小型零售店的基本生意分析 …… 27
第二节　我们并没有劝说顾客购买 …… 29
第三节　顾客能来就是给面子 …… 32
第四节　店里在卖什么 …… 35
第五节　不买的背后 …… 38
第六节　顾客花钱的三个诱因 …… 40
第七节　顾客的谎言 …… 42

第三章　现场环境改善

第一节　店门口的九个快速检查点 …… 47
第二节　门店的公德心 …… 50
第三节　影响路人进店的障碍因素 …… 53
第四节　店里的垃圾桶 …… 55
第五节　顾客进店厌恶点检查 …… 59
第六节　化解店小的麻烦 …… 63
第七节　突出小店的专业性 …… 67
第八节　小型店的不当装修 …… 71
第九节　门店的现场安全管理 …… 74
第十节　门店现场环境的整体设计 …… 77

第四章　顾客接待

第一节　进店顾客的类别划分 …… 85
第二节　接待顾客的第一句话和最后一句话 …… 89
第三节　接待顾客的第二句话和第三句话 …… 92
第四节　急客的接待 …… 95
第五节　顾客在场时不能做的七件事 …… 98
第六节　顾客说“太贵了” …… 100
第七节　顾客说“过两天再来” …… 104
第八节　顾客说“我要去别家看看” …… 107
第九节　抬货压人与压货抬人 …… 109
第十节　顾客没说出来的话 …… 111
第十一节　一句话哄人开心 …… 113
第十二节　苦笑的运用 …… 116

第五章　经营策略

第一节　店外客流与广告宣传 …… 121

第二节　早晨开门后的首单生意 …… 123
第三节　抓住回头客就是最好的商业模式 …… 126
第四节　小店卖新品 …… 130
第五节　顾客的包 …… 133
第六节　转移顾客的注意力 …… 135
第七节　给顾客留台阶 …… 138
第八节　引客进店 …… 142
第九节　收集竞争对手情报的几个简单办法 …… 145

第六章　店务管理

第一节　开新店之前的筹备工作 …… 151
第二节　小店对上游供应商的基本管理 …… 155
第三节　店里那些看不见的损耗 …… 158
第四节　门店的事故预案 …… 161
第五节　小型零售店的营业日志 …… 165
第六节　店里没顾客的时候，店员该干什么 …… 167
第七节　与隔壁门店的相处 …… 170

第七章　小店管人

第一节　小店请人之前 …… 175
第二节　店员的价值在哪里 …… 178
第三节　只有两个员工也要管理 …… 180
第四节　新员工入职时的工作安排 …… 183
第五节　店员需要掌握的基本销售概念 …… 187
第六节　工资模式对员工工作态度的影响 …… 189
第七节　店员的销售技术 …… 192
第八节　店员的信心培养 …… 196
第九节　店员考核的基本次序 …… 198
第十节　夫妻型小店的再发展 …… 202

第八章 互联网零售

第一节 从便利店看小型零售店的发展 …… 207
第二节 网络主播与地面导购 …… 210
第三节 直播带货的路子怎么走 …… 214
第四节 实体零售如何理性借势直播 …… 219
第五节 小店的微信公众号 …… 223

第一章 经营思想调整

本章核心内容点：

思维决定行为。在思想层面，要对经营现状及困难有客观认识，对未来发展有整体思考，摒弃那些已经与市场环境脱节的旧观点，初步梳理出未来发展的方向。

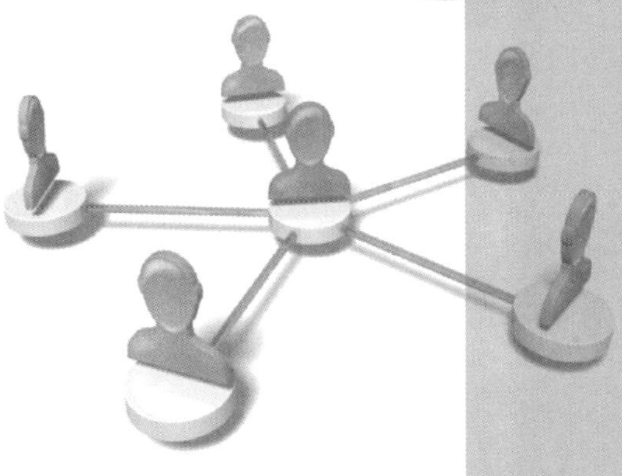

第一节 小型零售店的基本发展导向

做生意，关键的不是起步时的规模有多大，而是发展的速度有多快。当然，往哪个方向发展，要提前明确，不然就会像只无头苍蝇四处乱撞，又或是一再重蹈覆辙。

还有，做生意也不见得完全就是为了钱。在价值多元化的今天，拥有自己想要的生活比纯粹地赚钱更有意义。开个小店，也照样能悦享人生。

从发展的角度来说，小型零售店基本的发展导向有以下几种：

1. 维持现状。

不在乎生意做多大，赚多少钱，守住就行。也许是为了消磨时间，也许是因为喜欢小店门外的那片风景，也许是为了兼顾家庭。收入嘛，比上班领工资也高不到哪里去，就是图个自由、轻松，不受别人管。

2. 做流量，做业绩。

生意要设法做大，规模大才能出效益。这也是大多数老板的发展导向。于是，店里的商品越来越多，甚至需要把隔壁的门面也租下来，扩大营业面积，每天店里人进人出，老板忙得不亦乐乎。

3. 做利润。

有些老板觉得规模大不见得利润就大，毕竟，营业规模和流量变大了，成本和风险也会同步上升，表面看起来业务量增加了，但实际上净利润不见得会上升多少，不如控制营业规模，精准控制商品类别，把精力放在高利润商品上，虽然销量不大，但净利润高——店里卖一箱货，能顶别家店卖五箱货。外面看起来不显山不露水，闷声赚钱，貌似更加稳妥。

4. 开分店。

小店变大店，大店变强店，强店变名店，名店开分店。一家单店再怎么做，营业额和利润也是有限的，在上游供应商那里也很难建立起地位，争取不到供货价格和结算账期的优惠。若是有若干家分店，那营业额就能翻倍提升，如此，且不说利润同步提升，光是供应商给到的优惠和收取的各类进场费、陈列费、广宣费，算下来就是一大笔收入。

当然了，要开分店甚至开成连锁店，所涉及的东西就多了，诸如人力资源储备、启动资金、选址与装修、运营和管理的标准化、门店的品牌化建设、供应链系统的构建、基本的数据化和信息化平台的建立等。

5. 跨行业发展。

消费者的需求是多元的，商机也就有无限种可能，没有必要局限在一个行业里。规模上的拓展是拓展，行业上的拓展也是拓展。在本行业已经做了这么多年，从规模上实现突破很难，接下来也许该考虑一下跨行业发展，如化妆品店向母婴用品行业拓展，家电店向家具行业拓展，服装店向床上用品行业拓展，烟酒店拓展成生活便利店，甚至还有店老板利用多年积累的客户资源从事起海外留学托管业务。

6. 维持客户群体。

在绝大多数行业里，商品是供大于求的，卖货渠道也有很多，生存的关键是要有客户愿意从你这里买东西。开店多年，自然会积累起一些稳定的老客户，这些老客户对门店、对老板的认可度很高，他们提供了相对稳定的采购量。中国的消费者还是习惯于先认人再认货。若是能将当前的老客户群体在数量和质量上双向放大，手头上拥有上千个或是数千个稳定的老客户，那么，还有什么不能卖？甚至可以不局限于只卖店里的商品，只要是在营业执照经营范围之内的，都可以卖。

第二节 市场没有淘汰任何一个老板

市场没有淘汰任何一个老板，那些被淘汰的，都是自己放弃的。

有谁不让你做生意了吗？

压根没有生意机会了吗？

同行们都和你一样，都不行了吗？

只要市场还在，客户还在，需求还在，商机还在，生意就还有得做。那些做不下去的老板，大多是自己放弃的。

放弃，先是思想层面的放弃，接下来是行为层面的放弃。先是在主观意识上觉得“这生意干不下去了”，接下来就会找各种论据来叠加印证这个论点，也就是找各种理由来加强自己对生意的消极判断。

思想层面的放弃，源于两个方面：对生意的主观认知错误和对当前生意的应对思想错误。

1. 对生意的主观认知错误。

对生意的主观认知指的是老板如何看待生意。常见的认知错误有：

（1）生意就应该是简单的，是简单操作之下就能运营的。

（2）以前生意好做，今后也应该好做才是。

（3）以前积累的经验、方法会一直有效。

（4）我永远是对的，因为我以前的生意做得很顺利、很成功。

（5）坚持认为生意发展是有捷径的，热衷于玩“四两拨千斤”，搞爆款热销商品。

（6）有没有规划无所谓，以前没有规划也照样能把生意做下来。再说，计划不如变化快，做了规划也没用，生意目前应该没什么问题，即便有问题，也等到时候再说。

（7）基础工作不重要，不需要搞什么基础工作，或者认为当前的基础工作就挺好的。搞基础工作又不能马上产生效益，没必要搞。

2. 对当前生意状况的应对思想错误。

当前市场环境变化快，竞争激烈，生意经营的复杂性提高但盈利水平下降是常态。接下来要怎么办？有些老板是这么认为的：

（1）我没有问题，生意不好做都是外部客观因素导致的，或是下属不得力导致的。

（2）这个生意最好做的时期已经过去了。

（3）坚持下去太累了、太苦了，放弃吧。

（4）应对市场变化要搞创新，但搞创新太麻烦了，要研究、要投入、要放弃原有的老方法，还是不要搞了。

（5）没有必要把生意做那么大，当前这收入也不错，虽然距离目标很远，但比上不足比下有余啊。再说了，人生嘛，眼前的生活质量更重要，何必把自己搞得那么累呢？

（6）客户越来越挑剔了，该做的服务不都做了嘛，怎么还是打动不了呢？以前那些好说话的客户都哪里去了？

这些老板们有的对市场环境没有正确的认识，有的不明白有些生意是要坚持的，有的则放弃了初心。老板们创业时的初心，也许是成就一番事业，也许是成为行业标杆，也许是企业上市，也许是积累个人财富，也许是提升个人的社会地位，但当遭遇严酷的现实时，他们放弃了初心，自然也就没有了进取心和锐气。

客观来说，觉得现在生意不好做的老板，潜意识里认为“生意应该是好做的”。那么，生意真的就应该是好做的吗？当然不是。要记住以下几点：

（1）生意就是在不可能中找出可能来。随随便便就能做生意的话，那中国应该有十几亿个老板了。

（2）生意本来就不是常人所能做的，生意人的思维一定要领先于常人。当老板既轻松又能赚钱，那是常人的思维，真实的情况是，当老板就得付出无数的努力。

（3）不要以为自己一时是老板，就永远是老板了，小有成就便开始故步自封。

（4）在商业领域，可以重复使用的经验方法不多，保持创新、进步是必需的。不创新就没有进步，没有进步就是落后。

（5）别以为当前生意还能继续做就没问题，就像身体有毛病的人也能正常吃饭和上班，也能生存，但生活质量会越来越差。

第三节 门店生意不好，别把气撒在电商头上

电商的出现，似乎已成为解释实体店生意不好的最佳理由——价格是电商做乱的，促销活动是电商做烂的、进店客流少也是电商导致的。顾客动不动就拿电商说事更让店老板上火。

其实，在没有电商之前，这实体店的生意就一定好做吗？不照样有一大堆的问题，不照样有老板破产关店吗？古今中外，真正成为老板的只有极少数人，大多数貌似老板的个人创业者，不过是真正的老板的“饲料”而已。

客观来说，只要消费总量还在，生意就有得做，只不过要根据市场环境的变化来调整自己做生意的方式罢了。要与时俱进，才能适者生存。

那么，在当前的市场环境下，尤其是在电商已成气候的背景下，做实体店生意就需要认真地考虑以下几个方面了。

1. 顾客的脾气会越来越大。

古今中外的顾客都一个样，当商品供不应求且自己没有选择权的时候，只能忍受店家的坏脾气。但若是商品供大于求，到处都能买到，也就是自己的选择权越来越大的时候，脾气就会越来越大，越来越挑剔，越来越难伺候。作为店老板，你想好怎么来接待这些越来越挑剔的顾客了吗？

2. 抢生意还是做生意？

所谓生意难做，不是没生意做，而是同行太多了，分走了客流。这里有个问题：现在是做生意还是抢生意？做生意，就是顾客有需求，而店家有商品、有品牌、有服务，能满足顾客的需求，双方达成交易。但现在，

商品也好，品牌也好，服务也好，这些东西别人也都有，而且还同质化。当大家都能满足顾客需求的时候，这生意就不好做了，就要主动去抢生意?怎么抢？就是人无我有、人有我优、人优我新，得要有足够的差异化。不但要自身强大，而且还要针对竞争对手的薄弱点下手，采取主动的抢夺措施。

3．学点消费者心理学。

中国的消费者有三大特点：一是要面子；二是感性多于理性；三是坚决不认错。三大特点造就了中国消费者的心态——“皇上”心态。这开店做生意，每天接待的都不是普通人，而是一个个“皇上”。

西方营销学中有句话：“把顾客当上帝。”估计很多店老板到现在也没整明白这句话的意思——不是店家把顾客当上帝，而是顾客自己把自己当上帝。在西方称上帝，到我们这，那就得称“皇上”。从这个角度来看，国外奢侈品在中国大获成功，就是把握住了这个核心。

开店做生意，多少还是要学点消费者心理学的，毕竟，顾客没那么专业，买东西更多是出于感性而不是理性。所以，把商品知识背得滚瓜烂熟并不是最重要的，对进店的顾客察言观色，洞悉顾客心理，与顾客进行有效沟通才是关键。

4．店内的人事管理。

若是门店规模比较大，或是要开分店，那就得请店员了，店老板除了卖货，还得面对人事管理的问题。从技术难度的角度来说，这管人可要比卖货难多了。

人事管理问题主要有两个方面：一个是“会不会干”的职业技术问题，另一个是“想不想干”的工作态度问题。职业技术要培训、要巩固。工作态度所牵涉的点、面就多了，包括老板的管理风格、员工团队的氛围、考核、收入、对比标尺、发展空间等，有一个点没做到位，都有可能影响到员工的工作态度。这里要特别说明一点：人事管理技术可以慢慢学，但老板首先要学会的，就是不要得罪员工，尤其是不要在无意中得罪员工。老板若是得罪员工，员工必然会得罪顾客，最终还是要老板来买单。

5. 研究电商为什么成功。

电商的成功不是没原因的，传统零售商们更应该去研究电商获得成功的原因，而不是一味地埋怨，尤其是要学习电商在顺应消费者购物新习惯方面的做法，诸如商品信息推送、关联销售、自动化的基本客情维护、客户资料的汇总管理、客户的分级分类、购物的便利性等。在研究、学习的基础上，向其靠近，主动拥抱网络科技，充分利用互联网思维来提升自己获客的效率及维护客户的效能。

第四节　小型零售店该补上零售这门课了

在电商还没有大行其道，公款消费也没有被严格限制的时候，小型零售店（尤其是烟酒店）的生意还是比较好做的：

1. 利润相对较高，毛利率达到50%也不罕见。

2. 人员管理简单，不需要请人，夫妻俩一个主外一个主内就足够了。

3. 只要有几个稳定的单位关系就敢开店，甚至是吃定一个单位的烟酒团购生意就够了。

4. 以单位采购为主，零售生意做不做无所谓，反正也不指望这仨瓜俩枣的生意赚钱。

但是，市场一直在变化，这种变化对很多小型零售店来说是一场灾难。现在各类电商的"烧钱式"运营法直接压缩了小型零售店的利润空间，再加上单位采购急剧萎缩，逼迫许多以前依靠单位采购过日子的店老板掉头去做原来看不上眼的零售生意。

问题是，做零售就是这么简单的吗？

以前做单位采购，主要是靠客情关系，对销售技术要求不高，现在做零售，就要完全依靠零售技术了。这零售技术可不是一天两天就能掌握的，也不是听几场培训课、看几本书就能明白的，而是需要一定的实际经验积累。如果老板们在几年前就开始注重零售，那么这些年积累下来的技术经验以及熟客也应该不少了，可惜很多老板都没这么做。

世上没有后悔药，还是立足当前吧，抓紧时间，把零售技术这门课给补上，别再傻等行情好转了，更别指望发牢骚就能解决问题了。

做零售，要明白几个基本概念：

1. 小型店和大卖场不是一回事。

人家大卖场卖的是“货”，突出的是商品、品牌和价格，而小型店在这方面没有优势，应该把重点放在卖“店”、卖“人”上，让进店的顾客对店面环境感到满意，认可店老板的态度和为人，接下来才是卖货的事。要是拼卖货，小型店肯定拼不过大卖场，更拼不过电商。

2. 先过程，后结果。

就是从提升顾客的进店量入手，慢慢提高成交率、客单价，最终实现高回头率。

3. 差异化。

通俗点说就是要有本店的特色，而且是顾客喜欢的特色。店面特别干净，温度、湿度、气味令人感到舒适，收银台收拾得很整洁，给顾客找的零钱都是新钞等，这些都算是特色。你所提供的环境、服务水准，不能低于距离你最近的其他竞争对手。

所有的进店顾客都是你的顾客，无论他进店后买不买东西。今天不买不代表明天不买，自己不买不代表不会介绍别人过来买。既然要做零售，要做长远生意，就得有足够宽阔的心胸。老板不能因为顾客进了店却不买东西，就马上把脸拉下来。

4. 把自己当成白纸。

接下来，老板就得把自己当成白纸，从零开始学习零售技术。零售技术包含的内容较多，说多了读者难以消化，因此这里只简单说几点纲要：

（1）确保不得罪顾客。

做生意的最高境界是卖“人”，也就是店老板要取得顾客的认可，在这个基础上，成交就是水到渠成的事。而做生意最起码的要求就是不得罪人，得罪人就等于把上门的生意又给推出去了。在本书中，对多处针对“得罪人”的问题进行了讲解。

（2）让顾客感到放松。

顾客越放松，在店里停留的时间就越长，当场购买的可能性就越大。反之，如果让进店的顾客感到紧张，他马上就会想：“会不会被宰了？”“要不要再看看其他店？”

（3）配置接待用品。

要想让进店的顾客对店铺有好感，有宾至如归的感觉，与其他店形成差异，老板得花点钱，配置相关的接待用品，例如老顾客的专用茶杯，手机充电器，体重、体脂测量秤，眼镜清洗剂，拉链润滑剂，给顾客的孩子及宠物准备的零食，夏天用的冰毛巾，冬天用的热毛巾等。配置这些用品的目的很简单，就是提升进店顾客对店铺的好感，延长他们的留店时间，同时与其他同类门店形成差异化。

（4）基本话术的建立。

做生意的技术，很大程度上就是说话的技术，会不会说话，代表了会不会做生意。大多数店老板没有话术意识，在与顾客沟通的时候说话很随意，难免有时候把话说得太快，或是没经过大脑思考就脱口而出，令顾客听着不舒服了，走了。所以，店老板需要准备个本子，把常用的话术设定好并记录下来，勤加练习，确保自己说出来的话是有谱的，至少是不得罪人的。

（5）注重老顾客的精神需求。

老顾客之所以回头，并不一定是因为你的商品好或是价格优惠，别家店里也许有更实惠的，人家是把你这个店老板当朋友看才回头的。什么是当朋友看？就是顾客每次来店里的时候，觉得老板有人情味，自己受到尊重，有面子。做到这个份上，就不是卖商品的层次了，而是卖“人”的层次了，即满足顾客精神层面的需求。

（6）顾客的早期培养。

别以为进店的才是顾客，要把那些经过店门口的路人也当顾客看，要进行顾客的早期培养。

这里要明确一个观点：每一个经过店门口的人，未来都有可能是进店的顾客，或是带来顾客。路人也是客，所以，店门口的陈设、店门口区域的清洁维护、门店活跃度的体现、老店资历的呈现、商品展示活动、接触试用类活动等都不能落下。做这些虽然短期内不能带来直接的销售收益，但从发展战略角度考虑，这些顾客的早期培养工作还是要坚持做的。不然的话，就完全只能坐等顾客上门，看天吃饭了。

从这个角度来说，店铺根本就没有所谓的淡季，也就没有闲下来的时候：有顾客进店，就得接待顾客；没有顾客进店，就得把时间和精力放在顾客的早期培养上。

（7）研究有钱人。

虽然老板们都在说生意不好做，哭穷的人也越来越多，但实际上，有钱人还是越来越多了——大街上的豪车越来越多，这是事实吧？

但是，有些店老板的注意力却一直集中在锱铢必较的价格敏感型消费者身上（普通顾客），研究这些人的需求和消费特点。研究来研究去，结论就是“便宜”二字。为了迎合这些只注重价格的消费者，老板不断地降低货物档次，压缩经营成本，结果，有钱人的生意没做上，普通顾客的生意也没做成。因为，那些在意价格的人对便宜的追求是没有“底线”的，他们永远都想要更便宜。

有些老板认为有钱人的生意不好做，那是因为他们没有花心思研究有钱人，或是简单地把对付普通顾客的那一套直接用在对有钱人的接待上了，生意当然不好做。

（8）基本的运用网络科技的能力。

现在还不懂网络科技，就如同不识字一样。网络科技不仅仅改变了我们的购物方式，还改变了我们的生活方式，越来越多的沟通和事务处理转移到了网络上。作为小型零售店，一些基本的网络应用还是要有的，例如最基本的电子支付（微信、支付宝），本店的微信公众号，客户资料的云端化存储，客户信息的提醒设置（生日等），半自动化的基本客情维护（生日祝贺或是特定事务的跟进回访等），本店商品的网络推广，通过当前客户的网络推广链接增加粉丝，网络订单的承接等。不跟上网络科技潮流的话，客流萎缩是必然的。

第五节　店老板，你真的有服务意识吗

零售业的主要行为是卖货，但核心是服务。

随着商品越来越丰富，且越来越同质化，顾客的选择余地也越来越大，对服务的要求自然也越来越高。钱在他们手里，商品又都差不多，到处都有得卖，买谁家的，自然就要看哪个老板服务态度好了。

完全只看价格，对品质无所谓的顾客有没有？有，但总体上来说是越来越少了。敢花钱（不一定是有钱）的顾客却是越来越多了。顾客花钱买的究竟是什么？品牌？商品？性价比？大多数顾客是不专业的，看不懂这些，他们的采购决定更多是出于感性而非理性。而服务给顾客带来的正是感性层面的满足，接下来就是顾客“自己劝自己”的事了。

客观来说，在零售业这个竞争过度的行业里，服务才是支撑商家走下去的关键。道理大家都懂，但真正能把服务落实下去的门店可谓凤毛麟角，其他的不是不知道服务怎么做，而是根本就不想做。

为什么不肯做服务？有以下几个因素：

(1) 陈旧思想作祟。有的老板不认为人与人之间是平等的，并且都想当“人上人”，他们觉得伺候（服务）别人就等于降低了自己的身份，更有甚者认为服务顾客是屈辱的，是被逼的，是在赔着笑脸讨饭吃。

极少有老板能做到身心愉悦地给顾客做好服务工作，大多数老板心里想着：“我要站着把钱挣了，居高临下地把钱挣了，最好是顾客主动上门排队，哭着喊着求多卖几个。让我去低三下四地求顾客？对不起，我做不到！”

(2) 有些老板是经验主义导向，他们认为自己的看法、观点和操作模式在过去的确是行之有效的，便一直沿用下来，即便市场环境已经发生了变化也不肯与时俱进，仍然坚持过去那一套。

（3）老板当得越久，越不肯换位思考，固执地站在老板的角度考虑问题，觉得自己的商品和价格没问题，服务也没问题，该做的活动也都做了，顾客还是不来，那就是顾客有问题了。

（4）不研究顾客，只是看到表面现象。顾客抱怨说价格高了，老板就真的以为顾客只关心价格，没有继续深入研究。其实，顾客嘴上说的原因，往往只是托词而已，“价格高”只是一个最简单、最容易想到的拒绝和离店理由。

（5）有些老板压根就看不起顾客，觉得顾客好忽悠，不是自己的对手，或者以前被顾客“反忽悠”过，吃了亏，心里对顾客有仇恨。这样一来，还做什么服务呢？

（6）有些老板认为服务是要做的，但具体去做服务工作的应该是店员。其实，服务意识的导入，应该首先从老板开始，从老板对店员的服务开始，从老板对供应商的服务开始，甚至是从老板对家人的服务开始。

在网络时代，服务不是非要在顾客进店、大家面对面的时候才能做，通过网络也照样可以做，例如通过微信为顾客祝贺生日，给顾客的微信朋友圈点赞和投票，向顾客赠送电子消费折扣券等，也是新的服务手段。

店老板们脱离了零售业的核心，没有做好服务，搞不定顾客，生意不好，就更没心情来做服务，于是生意就更加难做，这是个死循环。

第六节 别人没有的服务才是服务

有句话叫“人无我有，人有我优”，放到门店经营上，很有指导意义。

以前商家是卖商品，后来升级为卖品牌，大家都希望通过品牌来实现商品区隔，那些知名度高的大品牌及高端品牌可以提高溢价能力。可是，在商品同质化的基础上，品牌现在也开始同质化了，大家都会讲故事了，都会讲历史、讲情怀了，都在强调自己有核心科技，都在表明自己有工匠精神，都会请国际4A广告公司来拍摄精美广告，都会请明星或是看起来很有气质的“老外”来当代言人。这些东西消费者见多了也就不感到稀奇了，觉得商家的套路都差不多，对品牌也开始麻木了。

商品同质化，品牌同质化，那接下来只有做服务了。可是，在店老板看来，他的服务工作都做到位了，诸如送货上门，包退包换，赠送礼品，提供售后服务，顾客进店笑脸相迎、端茶递水等，该做的都做了，可是生意还是不行，实在想不明白。

要知道，服务给顾客带来的感觉是相对的，如果某些服务措施几乎每家店里都有，例如给进店的顾客倒杯水，这几乎已经成为标配了，那么顾客对服务的感受也就很平淡了，这样的服务已经难以打动顾客了。

从当前各个门店的服务措施来看，走的几乎都是标配路线，大家所提供的服务措施都差不多，甚至有些门店的服务措施还是被动的——别的店在搞这些服务措施，自己被动跟随，没有主动研究，也没有什么创新。到最后，感觉是该做的服务都做了，可对生意的推动作用不大，更没有兴趣深入研究和提升服务了。

服务效果是相对存在的，别人没有的服务那才是服务。同质化的服务措施难以体现出效果。说到底，还是那句“人无我有，人有我优”。就拿端茶倒水这个简单的服务项目来说，虽然大家都有，但是其中存在很多升级的点，例如：

1. 在顾客进店后的什么时间点把水端给顾客？

2. 用什么杯子？

3. 杯子里倒多少水？

4. 顾客站着时和坐着时的端水动作有什么区别？

5. 递水给顾客时的话术是什么？

6. 如何续水？

另外，在服务领域里，可以创新的空间很大，例如：

1. 如何识别进店顾客的心情并根据顾客的心情状态采取不同的服务措施？

2. 对顾客随行人员的接待。

3. 对顾客孩子的接待（不同年龄段的孩子有不同的接待措施）。

4. 对顾客宠物的接待。

5. 针对顾客的手机，能做点什么文章？

6. 针对顾客带进店的随身物品，能做点什么文章？

7. 针对戴眼镜的顾客，能做点什么文章？

8. 针对开车来的顾客，能做点什么文章？

9. 对于下雨天进店的顾客，有哪些特别接待措施？

10. 对于那些首次上门，只是随便看看的顾客，临走时的送客措施。

总而言之，被动跟随地搞服务措施，肯定不如主动进行服务升级和服务创新。这就关乎店老板自身的进取心和态度了。如果店老板的思想落后，不肯主动创新，最多只是跟随复制，那么这种思想落后就会导致行为落后，行为落后自然会导致业绩落后。

店老板应该乐于钻研学习，要积极研究其他行业的服务措施，特别是那些以服务为核心的行业，诸如高级酒店、会所、航空公司、化妆品、保健品等行业，看看人家都采取了哪些服务措施，在哪些服务措施上有创新升级，有哪些方面是值得借鉴学习的。

从竞争的角度来说，自己店里的服务措施做得越好，对比效果越明显，竞争对手就越难受。反过来，别家店里已经提供的服务在你的店里还没有，让顾客产生对比落差了，那你就得罪顾客了。

第七节 门店销售工作的“三部曲”

在商业领域，具体的动作和细节可以无限分解，而理论则是越简单越好，复杂了记不住，且无法被有效理解和吸收消化。

关于销售工作的基本理论，我们可以用简单的三句话来概括，这三句话也被称为“销售三部曲”：

1. 建立关系。

2. 发现需求。

3. 进行销售。

这个理论很多年前就有了，很简单、很实用，可直到现在仍然有很多店老板将这个“三部曲”颠倒来执行，常见的顺序是“进行销售—建立关系—发现需求”，然后就说销售这活不好干，生意太难做，顾客很难搞定。

在当前，绝大多数普通消费品是供大于求的，市场上商品丰富，顾客的选择面大，具有绝对的主导权。在此背景下，顾客在选购时就不仅仅看商品本身了，他们还会考虑购物环境、气氛、与销售人员（店老板）的接触感受等因素。总而言之，顾客更注重购物过程中的个人感受，希望购物是一种轻松、愉快、能减压的行为。

顾客在购物过程中的个人感受，主要来自与其他人接触交往的过程，也就是在与店老板的接触过程中，店老板带给他的感受。

销售的第一步是建立关系，对对方有基本的认知和定位，才能在此基础上进行持续沟通，否则，两个陌生人之间是无法做生意的。那么，店老板和顾客之间的关系怎么建立？通常是通过以下两个方面来实现的：

1. 被动的可识别因素。

店老板本身没做什么，顾客仅仅是从外表上对店老板进行观察和识别，从而得出一些判断和定位。外表因素包括：

（1）仪容仪表。

（2）面部表情。

（3）服装配饰。

（4）肢体动作。

2. 主动的动作行为。

店老板主动行动，用言语与顾客进行初始的沟通，或是实施某个具体的服务措施。例如：

（1）致欢迎词。

（2）安放顾客的行李。

（3）端茶倒水。

（4）请顾客坐下。

建立关系这个环节，目的就是让顾客对店老板产生一些正面的认识，如热情、亲切、自然、可信、专业等。

建立初步的关系之后，就进入到第二个环节：发现需求。

需求决定价值。店里卖的商品，其本身价值如何并不重要，重要的是顾客是否认为它有价值，而顾客判断的依据，主要是看商品是否能满足自己的需求。

满足需求之前，先得明确需求。明确需求有两种方法：一种是店老板主观猜测，即猜测顾客的需求是什么。这种方法的技术难度挺大，没有十年八年的销售经验，很难迅速做出正确的判断。另外一种是引导顾客自己说出需求所在。相对前一种方法来说，这种方法要靠谱一点。但不管怎么样，店老板自己不能想当然地替顾客做决定，单方面认定顾客有什么需求，而是应该采用询问沟通的方式，了解顾客以前使用过的类似商品以及顾客自身的诉求等，逐渐引导顾客说出需求。

在初步知晓顾客的需求之后，千万不要马上说能满足顾客的需求，而是要引导顾客的需求。因为顾客的需求标准可能非常高，压根无法满足，只能“引导需求”，即尽量将顾客的需求引导在店里销售商品的范畴之内，为接下来的销售做铺垫。在网络科技发达的今天，部分顾客的信息可以通过网络来了解，例如通过翻看顾客的微信朋友圈，分析顾客的消费能力和习惯乃至个人性格、喜好等。

说到这里，顺便谈一个话题：为什么很多人感觉在熟人的店里买东西更贵？就是因为熟人了解你，知道你的需求特点，甚至知道你的购买能力和购买习惯，所以会针对性地引导和精确报价（综合了你的购买能力和销售利润），你买得满意，熟人也赚得更多。其中核心就是老板知晓了顾客的需求。

第三步就是进行销售了。打好建立关系和发现需求这两个基础，再进入销售环节，工作自然轻松多了。具体的销售动作就不详细展开了，在这里只强调一点：销售的过程，应该是一个整合的过程，即“把顾客的需求点转变成卖点，然后和对应的商品卖点相结合”这样一个过程。

有些店老板认为，顾客进了我的店，只要他买东西就行，反正卖给他什么商品都是赚钱的，能推荐给他的我都推荐。这种观念不对，这么做会让顾客的感觉不好：“这店老板说店里的东西都不错，买什么都对，这压根就不是对应我的需求嘛，纯粹就是推销，只管自己赚钱，不考虑我的实际情况。”所以，店老板有必要向顾客强调：“我店里的商品有很多，但我认为这几款是最适合您的，所以重点推荐给您。”在这个环节上要故意表现出一点小坚持——“别的我都不给您推荐，就推荐这一款”，反而会让顾客感觉更放心，认为店老板的确充分考虑到了自己的实际情况。

第八节　面对顾客，老板思维的三个层面

开家小店不难，投入少，起点低，但是，若想做大做强，那就得下不少功夫了。要做大做强，重要的影响因素除了市场背景和投入资源外，还有一个就是老板思维上的差异，体现在老板怎么看待自己的店、自己的生意、自己所面对的顾客之上。随着经营时间的推移，在面对顾客这件事上，老板的思维会跨过三个发展层面。

1．老板自己想卖什么。

“做生意就是卖货赚钱，卖好货就会有销量，有销量就会赚钱”，这是九成以上的创业者在起步时的生意思维，他们认为商品就是生意的核心和起点。

持有这种思维的老板在面对顾客时，总是强调自己有什么商品、商品的质量有多好、价格如何有优势、服务多么优秀，认为来买的就是识货的，来了不买的都是不识货的，即便生意不太好，那些为数不多的回头客也给了他们坚持下去的信心。

这类老板的注意力和感情更多的是投在自己的商品上，不能接受别人对商品的批评，在面对顾客时，更多的是坚持自己的主观看法，固执地认为如果自己觉得这件商品是好东西，那么顾客也会觉得这件商品是好东西，而很少考虑顾客实际上是怎么想的。

2．顾客要什么。

开店经验积累到一定程度时，老板们会变得更客观一些，不再坚持自己的主观看法，明白自己个人的喜好并不能代表顾客群体的喜好，迎合顾客比强调自我更重要，也会把价值的判断权交回给顾客。这个时候，老板

们开始研究顾客的需求，并基于顾客的需求来引进商品，设定商品结构以及商品的价格体系和促销方式乃至陈列方式。

到了这个层面，老板们开始从客观的视角来看待事物，能在一定程度上换位思考，并能结合经营和顾客需求之间的关系来考虑问题，有点成熟商人的味道了。

3. 引导顾客需求。

满足顾客的需求能够让生意经营下去，但是，要迎合对方就必然要委屈自己，并在一定程度上压缩自己的利润空间，赚小钱还是可以的，但是要赚大钱那就难了。

再往上走一层，就是要会引导顾客的需求了。在了解顾客当前需求的基础上，一方面，要深入研究顾客各类需求的延伸和变化特性，把需求面放大、加宽，把顾客的需求逐渐引导到有利于自己利润最大化的方面来，例如把需求从普通等级的商品引导到高等级的商品上来；另一方面，要挖掘新的需求，创造出新的经营范畴，增加新的利润来源。

“老板自己想卖什么”这个层面较为简单，老板自己一个人就能搞定。当然了，老板自己一个人思考经营问题，自然会带有一定的主观性，容易陷在“我要卖什么”这个框里跳不出来。

上升到“顾客要什么”这个层面以后，老板最好就别自己一个人考虑了，而是要听取更多的意见，与更多的人共同思考和探讨。例如要组建市场部这类部门，设立专业的岗位，大家一起来讨论和研究顾客各方面的需求所在，并设计出对应的满足方式，以从中获取利润。老板在其中只能充当组织者和最终决策者的角色，不能全程主导或是先入为主，否则就又回到“老板自己想卖什么”上去了。

到了“引导顾客需求”这个层面，专业性就更强了，需要多种专业技术和资讯作为支撑，不但内部要有市场研究类的部门，还要和外部专业机构合作（在市场数据分析、消费者研究、市场咨询等方面与专业机构合作），才能有效地完成从深入研究顾客需求到引导顾客需求全过程的工作。当然，这些对小店的老板来说还为时过早，但在做未来规划时就要考虑到。

第二章

当前生意分析

本章核心内容点：

面对问题，应客观、理性地分析，而不是一味地抱怨，要对顾客、生意行为乃至自身进行研究，从根本上找出生意差的原因。要更多地站在顾客的角度来分析生意，而不是仅凭自己的主观看法。

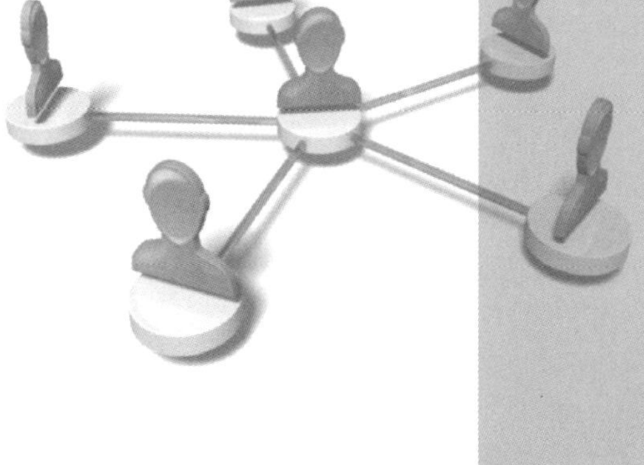

第一节 小型零售店的基本生意分析

做生意的目的是赚取利润，生意经营则是围绕着“人”来运转的。小店大多不雇人，那么分析一下顾客和商品就可以了。

1. 顾客分析。

（1）每天的进店量，即店里平均每天进来多少顾客。

（2）进店成交率，即进店的顾客平均的成交率是多少。

（3）若是进店量小，可能是地段和装修有问题；但若是进店成交率低，那就很可能是商品和销售有问题了。

（4）平均客单价是多少，即平均算下来，每个进店并成交的顾客能买多少钱的东西。

（5）对比一下附近的同类门店，看人家的进店量、进店成交率、平均客单价分别是多少。

（6）在多年的生意经营中沉淀下来的有效老客户数量。

（7）在整体营业额中，来自老客户的生意额占比。若是老客户的生意额占比高，则说明接下来要加强新客户的开发工作；若是老客户的生意额占比低，则要加强对老客户的维护工作。

（8）这些年来，老客户的流失情况。接下来要分析一下流失的原因：是搬迁到了外地，还是中断了消费需求？是自己忘记维护，还是被其他同类门店分流走了？

2. 老客户来源分析。

老客户是怎么来的？通常有以下几种来源：

（1）从普通零售客户（过路客）演变过来的。

（2）前期的老客户介绍过来的。

（3）相邻门店介绍过来的。

3. 商品基本情况分析。

（1）在当前的商品中，高端商品的占比、高毛利商品的占比、新商品的占比。

（2）历年来新商品的成功率。

（3）在本店成功生存下来的新商品，是基于商品自身的因素（品牌、推广力度）多，还是店老板人为推动的因素（老客户看在老板面子上买的）多？

（4）引进的新商品所产生的销量，是额外增加的销量，还是挤占了原有老商品的销量？若是挤占了原有老商品的销量，但利润贡献率相差不大，又没有其他方面的价值（例如吸引客流），则引进这些新商品的意义不大。

第二节　我们并没有劝说顾客购买

店老板很容易产生一种错觉：顾客之所以购买，很大程度上是因为自己施加了作用力，例如自己的语言能力和销售技术发挥了作用，打动了顾客，打消了顾客的疑虑，使顾客最终决定购买。也就是说，他认为这生意完全是靠自己的能力做成的，商品本身好不好其实并不重要，关键要看谁来卖。

是这样吗？

我们要明白一件事情：人刚出生的时候，是没有思想的，一切的见识和思想，都是后天形成的，并且受环境的影响。所谓环境，就是人、事、物这三个因素。当人长期待在某个特定环境里时，就会产生一定的思想。但是，思想是在环境的长期作用之下才会产生的，或是在某个封闭环境下被灌输的（例如传销的封闭式洗脑），因此，人的思想工作其实不好做。

顾客进入店里，停留的时间较短，店老板也不可能对顾客采取什么强制措施，比如把顾客关起来，不买不给走。那么，顾客之所以决定购买，真的是店老板在短时间内的几句劝说或是销售技术起到作用了吗？

不是，至少不全是。

有购买主导权的顾客主观上认为自己什么都明白，什么都懂，店老板在他们眼里只是个想把货卖掉的商人（甚至是唯利是图的商人）。在这种大背景下，试图在短时间内搞定顾客，的确是件非常困难的事情。短时间内说服顾客的难度很高，需要对消费心理学十分了解并运用自如，而这门学问技术难度高，涉及的配套因素也很复杂，一般的店老板在短期内是很难掌握的。那些开店十多年的店老板，也不敢说真正掌握了消费心理学，能在短时间内迅速搞定顾客。

客观来说，顾客之所以决定购买，原因之一是自身有明确的购买需求，不管店老板是否劝说，也一定要买的；原因之二则是顾客自己说服了自己，而非店老板的劝说发挥了多大的作用，尤其是在买一些价格较高的商品的时候。

在顾客看来，店老板越是积极劝说，越能说明这件商品的利润高，店老板能赚更多的钱，所以才会这么积极地推销。这就会让顾客产生一定的抵触和回避心理，就像有经验的食客到餐厅吃饭，服务员越是推荐某特色菜，食客越是不敢点。在顾客眼里，店老板是站在自己的利益对立面的，对方越是积极，就越有可能是在想方设法从自己身上谋取利益。

绝大多数顾客都非常在意自己的感觉，在买东西这件事上，是完全按照自己的想法来买东西，还是在别人的劝说下买东西，完全就是两回事。尤其在买那些非必需的、较为陌生的、前期没有购置计划的、价格较高的商品时，顾客更多的是在自己劝自己，劝自己尝试一下新东西，劝自己对自己好一点。在找对象结婚这件事情上我们也能看到同样的现象：身边一堆人劝，从闺蜜到死党再到父母都在劝，说“你们不合适”，但即便别人的劝说出发点看起来都是正确的、理性的，但最终还是自己劝服了自己——就是他（她）了！

那么，店老板在顾客决定购买的过程中，究竟能做些什么，才有助于销售呢？主要有两个方面：

（1）给顾客提供全面且客观的（至少让顾客感觉是客观的）信息和素材。例如提供各类商品的数据、功效的证明文件等，方便顾客自己进行分析，并做出选择和判断，而不是直接替顾客做出决定，比如对顾客说“听我的没错”“就买这个挺好”之类。

（2）给顾客提供接待服务，比如迎接、端茶倒水等，在服务细节上让顾客感到舒服、放心，打动顾客。

当然了，人在不同的背景下有不同的心情，自己劝说自己的出发点也会有所区别。例如顾客在自身收入下降时，会劝自己要勤俭过日子，别乱花钱；顾客在刚出院时，会劝自己对自己好一点。如果店老板具备相关的识别技术，能大致判断出顾客进店时的背景和心情，在提供素材和服务方面有一定的针对性，那么就可以在一定程度上促使顾客做出购买决定。

第三节　顾客能来就是给面子

店老板满怀希望地欢迎顾客进店，一开始的接待服务态度还是不错的。可是，大多数顾客进店之后，只是四处转转，看一看，简单了解一下情况，问他有什么需求又不肯说，然后什么也不买，转身就走了。顾客来了却又不买东西，店老板自然会感觉失望，三番五次之后，态度自然也就没那么热情了，接待服务工作也没那么细致到位了，甚至连商品介绍也没心情了，送客也不送了。

店老板的心情可以理解，毕竟经营压力大，业绩指标重，顾客来了却又不买东西，难免会有“浪费我的时间”的想法。但是，做生意不能完全按照自己的主观意愿来，而是要有全局观，还要会从顾客的角度考虑问题。以下一些客观的实际情况还是要考虑到的：

（1）电商越来越普及，在这个大背景下，能进实体店逛逛的顾客，就已经很难得了。

（2）市面上那么多门店，顾客必然是选择性进店，能进来，就是给店里机会了。

（3）这个机会，不仅仅指当天购买的可能，还有下次再来的可能，或是推荐亲戚朋友来的可能。

（4）从顾客的角度来说，批量采购或是采购专业性要求较高的商品时，肯定要先四处看看，搜集商品及店家信息，再货比三家。站在门店的角度，顾客是需要一个培养过程的。

（5）顾客做出采购决定是需要经历“信息搜集—对比分析”这么一个过程的。所以，顾客首次进店时，能给顾客留下一个记忆点（正面的记忆点)，就算成功了一半。

（6）从某种意义上来说，要敢于让顾客先来自己的店里看看，再去竞争对手的店里看看，让顾客自己来比较，比商品、比服务、比专业、比售后，无论比什么，都敢于比较。

基于这些客观情况，店老板要有这么一个思维：

来了就是客！

不管进店的顾客今天买不买，我们都要珍惜，要以客为尊，全程认真做好服务接待工作。先确定一个小目标，即让顾客能对我们的店有个好印象（正面记忆点），那就行了。

若是急于把进店的顾客搞定，反而会导致一些负面结果：

（1）有些店老板脑子里还是有传统的“拦截”思想，也就是设法把顾客强留在店里不让走，心想：“千万别放跑了，这一跑可就回不来了。”

（2）店老板越是急于当天成交，顾客越是容易感到紧张。一紧张，就会担心被宰、被忽悠，认为店老板给的价格不是最低价，接下来很自然就会想：“不能定，再到别家店看看。”

（3）怕顾客走了不回来，说明店老板对自己的商品和接待服务工作没信心，底气不足，不敢与竞争对手比，只想趁顾客还没有进行比较时，就把顾客搞定。店老板试图剥夺顾客的选择权，很容易招致顾客的反感。

从定性的角度来说，在影响顾客购买的因素中，面子是很重要的。在顾客看来，各家店的商品都差不多，价钱也出得起，哪家店最给自己面子就买哪家的。换句话说，就是顾客的购物体验良好，店老板给面子，这是生意谈下去的前提，若是让顾客丢了面子，那这生意就谈不下去了。

这个“给面子”，是贯穿整个销售过程的，从顾客第一次进店开始，就要让顾客感到有面子。此外，“给面子”这件事情也是相互的。就当前的市场环境而言，顾客能进店，就是给这家店面子了，也就是给店老板机会了，若店老板没有及时给予积极的反馈，那就是没有给顾客面子。在古代，只要顾客进店，不管是不是来买东西的，也不管是什么身份，店家都会来上这么几句：“您能来，就是给我们小店长脸了。”“阁下莅临本店，真是令本店蓬荜生辉。”“二位贵宾，楼上雅座!”古代人早就知道这门“面子生意经”。

把以上的知识点总结成一句话：

进店就是客，能来就是给面子，无论买不买，态度不变化。

第四节 店里在卖什么

现在开店做生意，远不是直接卖货那么简单了，毕竟市场环境不一样了。如今商品越来越丰富，消费者选择的余地越来越大，竞争对手离你很近甚至只有一墙之隔。生意难做的根本原因不是买东西的人太少，而是卖东西的人太多了。

这里有个不是问题的问题：店里究竟在卖什么？

卖商品吗？卖货是门店最基本的工作内容，利润也是通过卖货产生的。但是，如今商品种类太多，且商品的同质化现象越来越严重，如果只是抱着卖商品的想法，那么在面对顾客时必然会陷入没完没了的比商品、比价格的境地中。

卖品牌吗？现在是个讲品牌的时代，因为品牌有差异化定位，有溢价功能，可以区隔竞争对手。这些大道理谁都懂，但现在我们不得不面对一个尴尬的问题：品牌也开始同质化了，消费者对品牌也开始麻木了，并不会因为某件商品是牌子货就放弃讨价还价。有些时候，强调品牌并不能为销售工作加分，反而会招致顾客反感：“什么品牌，还不是广告吹出来的，最后还不是羊毛出在羊身上，难怪你们店里东西这么贵。”

卖地段吗？曾经，百安居的开店筹备工作有三个重点：第一是地段，第二是地段，第三还是地段！门店的生意在很大程度上受所处地段的影响，地段的好坏与生意的好坏正相关。可是，不是所有的门店都处在好地段的，那些地段不好的门店也就不能指望这个了。

卖装修吗？顾客进店买东西，不是简单的交易行为，越来越多的顾客开始重视购物的过程，尤其是购物感受。店内的装修水平会直接影响顾客的感受，但好的装修需要用大把的银子来砸，不是所有的老板都舍得这么做。

卖服务吗？西方营销学强调要把顾客当上帝，用服务工作来留住顾客，弥补商品和价格本身的劣势，可是，有些店员就是“不服人”，再加上老板糟糕的管理方式，他们在面对顾客时总是难以诚心诚意地做好服务工作。另外，如今的服务工作也同质化了，各家门店都强调服务，顾客进门都是笑脸相迎，端茶倒水。大家都强调服务以后，顾客对服务的要求也变得越来越高，原来是进门给倒杯水就行了，现在的要求是夏天要有冰水，冬天要有热水。

卖活动吗？门店的经营要活跃，就要有不断的活动，如全场特价、买一送一、送赠品、抽奖等，没活动就很难吸引顾客前来。但搞活动需要烧钱啊，会降低门店的利润，偶尔为之还行，天天搞可受不了。依靠活动来做销售终归不是长久之计，毕竟这实际上就是拿钱买销量。

我们应该透过表面看本质。店里有两个最基本的组成部分：人（店老板）与商品。店里最基本的运营工作是卖商品，但说到根上，其实是在卖“人”，先卖“人”，再卖商品。

这句话怎么解释？就是店老板首先要让顾客接受自己，对自己产生好感，获得顾客的信服，然后再以此为基础，开展商品销售工作。

之所以这样解释，是因为商品的销售工作是建立在顾客与店老板能够进行有效沟通的基础之上的。顾客与店老板能够进行有效沟通，又是建立在顾客对店老板有正面认知的基础之上的。所谓“正面认知”，包括直观上的好感、亲近感、信任感，认为店老板很专业等。

如果店老板没有做好卖“人”的前期工作，而是试图直接把商品卖给顾客，那么必然会在沟通过程中一直强调商品如何好，反而容易陷入比质、比价的坑里，过于直接的商品推销行为更容易引起顾客的反感。

那些秉持传统的卖货观点的老板，在销售工作出现问题时，必然会首先从“商品”这个因素上找原因，而很少从“人”的因素来分析问题。这就会导致顾客对商品的抱怨越来越多，但问题的根源却一直得不到解决。

那么，该怎样卖“人”呢？

（1）让顾客对店老板产生直观上的好感、亲近感、信任感，相信店老板对商品很了解、很专业。顾客的这些感受，主要源于店老板的仪表仪容、举止动作、面部表情等。

（2）让顾客对店老板产生亲近感。这主要靠店老板在接待顾客的过程中，使用有效的语言沟通技术，也就是能与顾客说得上话，交流起来很自然，并且能迅速体会到顾客当前的感受。

（3）让顾客对店老板产生信任感。俗话说“空口无凭”，店老板在介绍商品时，不能光凭一张嘴，而是要有理有据，能够拿出足够的辅助证明材料来印证自己的话。

（4）让顾客对店老板的专业水平产生信服。店老板的专业水平，指对商品的工艺、原料、功效，类似商品等相关情况都要烂熟于心，在专业知识方面相对顾客而言要有压倒性的优势。

（5）让顾客对店老板有客观性认可。这就需要店老板对整体市场的行情、其他门店的商品情况了解到位，在评价其他门店的商品或是整体市场情况时能客观、准确地介绍情况，客观地突出己方商品的优势。如果店老板对其他门店的商品所知甚少，那么就很容易被顾客劈头盖脸地大肆攻击一番。

顾客进店后，在影响其购买的诸多因素中，店老板的因素是最关键的，所以，无论自己的店是卖什么的，店老板都要先把自己“卖”掉，才能为接下来的卖货打下基础。

第五节　不买的背后

总有些顾客在进店之后是不买东西的。为什么不买？背后总归是有原因的。是表面的原因，还是隐藏的深层原因？能不能解决这个问题另说，总得知道原因吧，死也得知道是谁给自己下的药。门店运营效能的提升，往往也是基于针对以下问题的研究和解决方法。

1. 压根不进店。

顾客路过店门口却不进店，说明店外的环境有问题，如脏乱差、黑店效果（店里不开灯），或是摆放了不该放的东西（垃圾桶、退回来的旧货、清洁用品等），堵客进店。门店环境管理的范围，不仅包括店内，还包括店外区域。

2. 进店不停留。

也就是顾客进店之后，转一圈就走，店老板连跟顾客说话的机会都没有。这说明店内的环境存在严重问题，诸如有光线过暗、温度过高、通风不畅、气味难闻、噪声大等问题，或者现场凌乱，存在灰尘、污渍、蜘蛛网、垃圾、低俗宣传品等。

店老板自己每天都待在店里，对环境的感觉是有些麻木的，经常对不足之处视而不见，并不觉得有什么不妥。解决这个问题的方法之一就是店老板定期从外面找人进店巡场，以顾客的视角检查店内的环境。

3. 不说需求和预算。

这说明顾客不信任店老板，或者是店老板推进的速度太快，在顾客还没有对自己建立好感和初步信任的时候，就迫不及待地询问顾客的采购需求和预算。顾客若是不说，就别再勉强了，再追问下去就把顾客赶走了。

4. 不沟通，不交流。

顾客在语言方面很保守，所吐露的信息非常有限，这说明店老板的沟通方式有问题——要么是说话没有趣味，不生动，不通俗，过于死板；要么是语速太快，给人以急于推销的感觉。顾客觉得没有乐趣，听不明白，也不想再听了，就懒得搭腔。店老板若是不识趣，还一直说下去，顾客可能就会说：“我自己看看。”

5. 不买这个品牌。

顾客不喜欢、不认可这个品牌，也许是以前吃过亏，也许是对这个品牌没有认知，完全没感觉，反正就是不喜欢，直接否定这个品牌，否定这个品牌旗下的所有产品。这种情况下，如果店里有多个品牌的同类产品，那么店老板就得赶紧给顾客推荐其他品牌了。

6. 不买这个型号。

说明这个型号的产品的功能特点与顾客自身的需求没对应上。当然，顾客仅仅是针对这一个型号的产品，其他型号的产品还是有机会的。

7. 不买这个价位。

说明顾客严格控制预算，把价钱卡得很死，也许是单位采购或是非自用（给别人买），也许是偿还型购买，价格定死了。还有一种情况，那就是店老板并没有把产品的价值说清楚，顾客认为不值这个价，所以在价格方面不肯松动。

8. 不从这个店老板手里买。

换成其他的店老板，也许就成交了，反正就是不愿意从这个店老板手里买。出现这个问题的原因就很简单了，一定是店老板把顾客给得罪了，比如在语言、表情、肢体动作、语气方面的表现有所不妥，顾客不愿意照顾这个店老板的生意。还有一种情况，那就是顾客以前进店时，对某个店老板的印象不错，这次进店非得要找上次接待自己的那个店老板，只愿意从那个店老板手里买。

9. 不在这家店里买。

顾客的采购需求还是有的，对品牌和产品也没什么意见，但最终还是到其他店去买，说明顾客对这家店的感觉非常糟糕，在与同类门店进行对比后，舍弃了这家店。

第六节 顾客花钱的三个诱因

做买卖，就是钱货往来。这货在老板手里，钱在顾客手里，怎么才能让顾客把钱花出来，就是老板们要动心思的地方。来硬的当然不行，只能研究顾客，把握顾客的消费特点，也就是研究顾客在什么情况下会把钱花出来。

答案其实也很简单，那就是顾客在有选择权，并且自我感觉良好的情况下，才会把钱花出来，也就是顾客在自己愿意、开心，觉得值得，或是认为有必要的状态下才会花钱。总而言之，花钱还是不花钱，花多少钱，主动权都掌握在顾客手里。

一般来说，顾客愿意花钱，一般是受到三种因素的引诱：

1. 便宜。

顾客以价格为导向，觉得便宜、划算，或是认为今天碰到难得的特价、促销机会，于是出手购买。这类顾客属于价格敏感型，看重价格，其他方面考虑得不多，或者根本没考虑过，既没有对商品进行全面深入了解，也没有对应的客观对比标尺，反正就是感觉便宜就买。

在这类顾客中，老人占比较大，毕竟以前过着穷日子，手上没几个钱，要省着花，现在即便经济上宽裕了一些，但花钱的思维和习惯还停留在过往模式上，即只看价格，不看价值。

特价、促销、买赠、抽奖等价格导向的活动，主要针对的就是这类顾客。

2. 性价比。

顾客不是完全从价格角度来评判商品，而是会综合多个方面的因素，如自己的实际需要、产品品质及耐用性、售后服务、增值服务、后期分摊下来的使用成本等，来进行衡量。

这类顾客相对成熟，看待商品价格较为客观，比较讲道理，具备一定的算账能力，也具备一定的抗忽悠能力，店家若是运用低级的忽悠手段，反而会起反作用。从占比上来看，这类强调性价比的顾客的占比正在逐年上升。

3. 购物感受。

顾客买不买，主要是看心情。这类顾客没兴趣去了解商品，需求也不迫切，买也可以，不买也可以。例如顾客在加油站面对那些推销汽油添加剂的人时，推销人员不用跟他强调那么多功能和效果，对他来说，加也可以，不加也可以，高兴他就买，不高兴他就不买。

这类顾客主要由两种人构成：一种是富人群体，特别有钱，钱对他们来说根本就不是事。另外一种是虽然不是很有钱，但特别在意有没有面子的人，他们很在意自己的感受。这类顾客要的是在购物过程中的感受，只要感觉愉悦，那就什么都好说。对店家来说，接待这类顾客时一定要给足面子，给他们足够的尊重和重视，热情服务，周到照顾，舍得投入，将一些服务工作前置，让他们享受到很好的服务。

以上是对顾客花钱的诱因的简单划分，这几点老板自己要掌握，另外还可作为新进店员的基础培训知识。掌握这几点，就能实现对进店顾客进行初步划分，区别对待，有效沟通。

第七节　顾客的谎言

有句俗语："从南京到北京，买的没有卖的精。"

但是，顾客有时候也不靠谱，照样满嘴"跑火车"，照样说瞎话，作为店老板，也要有一定的识别与应对能力，要能对顾客说的瞎话进行类别划分。常见的顾客瞎话有两种：专业级的骗子会提前编好瞎话，甚至还反复背诵过；一般的顾客所说的瞎话，绝大多数都是临时编出来的。

那么，顾客为什么要说瞎话呢？常见的原因有以下一些：

1. 争取店家的重视。

顾客为了获得更多的优惠而虚构自己的采购量或是延伸价值，诸如：

（1）实际只打算买一个，却说要买很多。

（2）没钱却非要装成有钱人。

（3）强调会介绍一大批亲戚朋友来买东西。

（4）明明是第一次来，非要说自己是老顾客。

2. 怕被宰。

顾客吃不准店家的刀有多快，为了安全起见，隐藏了真实的购买目标和采购能力，诸如：

（1）今天就能确定购买的，故意说"先随便看看"。

（2）不懂行的说自己懂行，怕被蒙。

（3）明明是有钱的"土豪"，非说自己很穷。

3. 诈出店家的底线。

对于店家的价格底线和能给到的优惠究竟如何，顾客心里没谱，估计店家也不肯说实话，那就干脆诈一下店家。例如顾客声称在某店看到有什么优惠活动或者“超低惊爆价”，其他品牌能给出什么样的优惠等，看能不能诈出点什么东西来。对于顾客来说，能向店家多要些赠品也好，多要些折扣也好，反正是没有成本的，为什么不尝试一下呢？

4. 抬高自己。

自己抬高自己，各种炫耀，如声称自己以前用某个大牌产品，家住某高档小区，开的是名牌车，刚从国外度假回来，有个很牛的朋友是谁，强调自己是有钱人，是见过世面的，是有来头的，品位是很高的，等等。

当然了，有些顾客喜欢抬高自己，并不是刻意针对店老板，只是习惯了，他即便是到菜市场买 5 角钱的小葱，也得吹上一番。

5. 逗店家玩。

有些顾客就喜欢这种戏弄别人的感觉，虽然一切尽在掌控中，但还是故意装出弱势的样子，或是装傻，诸如：

(1) 其实是非常懂行的，却故意说些外行话。

(2) 明明是认识店老板的，却闭口不提。

6. 报复。

有些时候是店老板无意中把顾客给得罪了，顾客心里极其不爽，但又不好直接骂人，于是便说产品这里不好，那里不好，其实是指桑骂槐，借机发泄对店老板个人的不满。

顾客说瞎话，这是普遍存在的现象，不管顾客是基于什么样的出发点说瞎话，作为店老板，一定要知晓基本的应对套路：

1. 顾客说的话，别全信。

顾客说的话先听着，但别全信，更别抬杠，若是全信，这生意就不用做了。

2. 看破不说破，打人不打脸。

不但嘴上不说破，表情也要控制一下，别露出冷笑来。

3. 别追问，别较真。

顾客说自己住在某个高档小区，别追问；顾客说自己是老顾客，别当场查顾客档案。说瞎话就是说瞎话，假的真不了，若是追问下去，就等于打顾客的脸了。

4. 不能直接否定。

对顾客所说的一些市场信息，例如某店有超低价等，千万别直接否定，反驳说：“您说的这个价格是绝对不可能的!”在店老板看来，肯定是没有这个价格的，但顾客会想：“我说有这个价格，店老板说绝对没有，那这言下之意，是指责我说假话吗?”

5. 主动展示竞品信息。

为了避免顾客夸大竞品信息，可主动报出竞品的技术数据和价格优惠情况，提前断了顾客的念头，让顾客不敢班门弄斧。

6. 主动给台阶下。

顾客把话说大了之后，往往会出现下不了台的情况，这时，店老板要主动给顾客台阶下，如对顾客说：“您说的那个产品型号不一样吧?”“您可真会开玩笑。”“您提到的这个价格是包括配件和售后服务的吗?”

第三章 现场环境改善

本章核心内容点：

管理就是管人、管事、管物。对物（环境）的管理较为简单，可以从顾客的视角和感受出发，对店铺的现场环境进行全面审视，在成本可控的前提下，进行现场环境的局部优化，消除会导致堵客进店和赶客出店的负面因素。

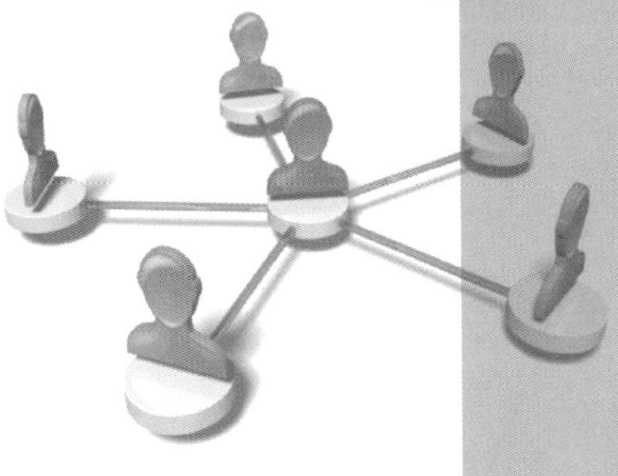

第一节　店门口的九个快速检查点

对小型门店进行日常巡查时，可先从店门口开始看，即在不进店的情况下，通过对店门口区域的现场环境细节点进行观察，即可快速了解该门店的管理水平和运营意识。

这里介绍九个最容易观察到的环境细节点：

1. 门口的路面。

门口的路面虽然是公共区域，但也是门店整体形象的一部分，这个地方尤其能体现出门店是否有公德心。

（1）是否平整？是否存在地面起伏的情况？

（2）路面是否有破损和积水？

（3）路面是否有积灰和散落的垃圾（树叶等）？

（4）是否有车辆（包括电动车、自行车等）堵住店门口？

2. 店门口的地垫。

（1）从门口到店内的地面区域是否铺设地垫作为地面的过渡？

（2）铺设了一块还是两块？标准铺法是店外和店内各一块，可挨在一起铺。

（3）地垫的颜色和尺寸合适吗？标准做法是店外用灰色地垫（耐脏），规格稍大一些；店内用红色地垫（烘托气氛），规格稍小一些。

（4）地垫的整洁程度如何？是否有破损或布满污渍？

3. 店招。

（1）店招是否完整无缺？尤其要注意是否有文字掉落的情况。

（2）店招是否干净？有无每日清洁的痕迹？

（3）店招的辅助灯光是否完好？

（4）店招下方的 LED（发光二极管）字幕是否正常？表面的清洁程度如何？

4. 店门口的活跃化措施。

店门口的活跃化措施指用来吸引过路行人的注意力，释放本店商品信息及提升活跃度的设备与措施。

（1）面朝马路播放的电视机。

（2）投射在地面的广告投影射灯。

（3）广告旗帜、X 展架、易拉宝等。

（4）立体造型的充气模型。

（5）落地摆放的宣传品和样机等。

5. 灯光。

（1）站在店外的路面上，看店内灯光的亮度。若店内灯光的亮度低于外部街道自然光的亮度，就会出现“黑店”的视觉效果。

（2）店内灯光的主色调最好采用暖色调。

6. 橱窗。

（1）是否有橱窗？

（2）橱窗是对外陈列还是对内陈列？对外陈列最佳，有宣传效应。

（3）橱窗里的货物是简单堆放还是有陈列主题？最好是有场景设置，有活跃化措施。

（4）可否透过橱窗看到店内？若能，当然最好，这样可以使整个门店有一种通透感。

（5）橱窗的玻璃上是否贴有一堆宣传海报？宣传海报贴得太多会遮挡橱窗。

（6）橱窗前面是否有停放的车辆遮挡路人的视线，影响橱窗的呈现效果？

7. 店门口的物品。

店门口放置不恰当的物品，会堵客进店，也就是会让路过的行人看着感觉不爽，从而放弃进店的打算。

（1）有没有垃圾桶？

（2）有没有拖把、扫帚之类的清洁用品？

（3）有没有破旧的货品，尤其是以旧换新或是返回待修的货品？

8．墙上粘贴的纸张。

墙上粘贴的纸张也会影响行人对门店的印象。

（1）门店贴有出售或是转租的广告。（给行人的印象：这家店干不下去了。）

（2）丑陋的手写广告海报。（给行人的印象：店老板的文化水平不怎么样。）

（3）欠费单。（给行人的印象：这家店经营困难。）

（4）非法小广告。（给行人的印象：这家店管理松懈，对自身形象没有维护意识。）

9．对比隔壁门店。

感觉是相对的，也许自家门店的形象确实搞得不错，但要是隔壁门店做得更优秀，那相比之下，本店的形象就显得差了一截。

（1）隔壁门店的整体装修水平更高。

（2）隔壁门店店门口区域的清洁程度更高。

（3）隔壁门店店招的尺寸更大。

（4）隔壁门店灯光的亮度更高。

第二节　门店的公德心

树要皮，人要脸。开店做生意，自然也要有形象，最好是高端大气上档次的正面形象，这也是吸引顾客进店，增加业务量的方式之一。

不过，门店形象的建设或是提升有个基本的前提，那就是要具备起码的公德心。所谓公德心，就是遵循社会实践活动中积淀下来的公共道德准则、文化观念及思想传统。通俗点说，就是做人做事起码要遵守的一些规矩。要尊重他人，不损害他人利益或是公共利益。现在媒体对有关公德心的事件报道得越来越多，说明大众对公德心的问题越来越关注。

开店若是连基本的公德心都没有，那所谓的正面形象估计也没法建立起来。那么，在日常的门店运营中，有哪些环节涉及公德心呢？

1．店门口的整洁程度。

店门口那“一亩三分地”并不属于店铺，而是属于公共场合，任何一家门店都不能占用公共资源，不能损害公共利益。例如：

（1）不能在店门口堆放货物，占据人行通道尤其是盲道。

（2）不能将店内垃圾直接扔在店门口的路面上。

（3）不能将店内的清洁用品（拖把、扫帚等）放置在店门口的路面上。

（4）店内员工的车辆停放时不能占用公共路面。

（5）注意店门口的空调室外机的安装位置，安装高度不能过低，室外机排出的热风或冷风不能直接吹到路人身上。

（6）不能在公共路面设置地贴宣传品。

（7）不能在电线杆、市政设备等公共设施上张贴本店的宣传品。

（8）不能在店门口长时间停车卸货。

（9）店内音响的声音不能太大。

（10）店内的宣传品或是陈列器材，如 X 展架、易拉宝、花车等不能摆放在店门口的公共路面上。

（11）保持店内空气清新，不要有难闻的气味散发到店外，影响到路过的行人。

（12）不能在店门口晾晒本店物品（有些理发店经常将店内的毛巾晾晒在店门口）。

不但不能损害公共利益，还应主动做些工作，来体现门店的公德心。例如：

（1）主动清理店门口的路面积水、积雪。

（2）对于一些超过门店管理范畴，又存在一定安全隐患的状况，可主动设置提示牌，提醒过往的路人注意，如路灯损坏、地面砖损坏、楼上高空滴水、树上飞鸟拉屎、有植物飘絮等。

2. 店员的行为。

店员更应该遵守公共道德准则。例如：

（1）不能往店外的公共通道扔垃圾。

（2）打扫门店时，不能把店内的尘土扫向店外路面，导致店外尘土飞扬。

（3）不能向店外吐痰。

（4）不能在拥堵的马路中间向路人散发宣传品。

（5）及时捡走被路人扔弃在路面的广告单。

（6）不能向过往的路人强行介绍商品，更不能拉扯路人。

（7）不能在店门口扯着嗓子叫卖或者用扩音器叫卖。

（8）店员在闲暇时不能靠在店门口嗑瓜子，更不能随地吐瓜子壳。

3. 对进店客人的接待。

接待进店客人的过程，也能体现出门店的公德心。例如：

（1）不直接攻击竞争对手。可以说自己的东西有多好，但不要攻击其他门店。

（2）店内的广告宣传内容不得违反社会公德或是有违基本的价值观。

顾客买东西的前提是对门店有好感和认可，而公德心的缺失会直接抹杀顾客对门店的好感，使其产生厌烦情绪和采取躲避行为，如此一来，什么门店形象、店员的专业度就都无从谈起了。所以，在建立门店的形象之前，先进行自我检查，看看在公德心这个层面做到位了没有。

第三节 影响路人进店的障碍因素

开店先看什么?

地段! 地段!! 地段!!!

地段是什么? 地段就是客流!

从理论上来说，每个从店门口路过的人，都有可能成为进店的顾客；每个进店的顾客，都有成交的可能；每个成交的顾客，都有回头的可能。所以，老板们之所以花大价钱在客流大的地段租下门面，就是看中了此处的客流量。

老板当然希望每个路人都进店，可是，有些店门口却总是存在一些路人进店的障碍因素，这些障碍因素，老板也许没留意到，也许留意到了但没当回事。那么，究竟有哪些因素会阻碍路人进店呢?

1. 店门口的地面有积水。

如果店门口的地面有一摊积水甚至是污水，正常的路人都会绕过去，并且还会加快步伐。这个时候，顾客的注意力放在了如何绕过这滩积水上，压根就不会留意这是家什么店。

2. 空调室外机对着人行道吹风。

空调的室外机，冬天吹冷风，夏天吹热风，吹到谁身上都不好受。有些门店在安装空调时没考虑到这个细节，空调室外机直接对着人行道吹，经过的路人被吹到后，一来会加速走开，不会停留或是进店，二来会认为这家店没公德心，老板品德差。

3. 清洁用品放在店门口。

谁都知道，顾客在场的时候，店里不能打扫卫生，因为这等于在赶顾客走。其实，把店里的各类清洁用品（例如扫帚和拖把之类）堆放在店门口，照样有驱赶路人的效果。毕竟，清洁用品是店里最脏的东西。同样的道理，垃圾桶也不能放在店门口。

4. 店门口放椅子、凳子。

不能在店门口放椅子、凳子的原因很简单，因为这可能会招来流浪汉和乞丐坐到上面。

5. 店门口放乐器。

路人看到店门口放着乐器的时候，会想到什么呢？他们会想："这是要搞吹拉弹唱？这店里是要办大事吗？红事还是白事？总之是店里有事，还是别进去了。"

6. 店门口放残败的植物。

店门口摆点植物无可厚非，但是要确保植物茁壮成长，切忌出现残败现象，不然的话，路人心里会想："这个店没有人气啊，养个植物都能养死。"

7. 店门口放破旧的地垫。

在店门口铺块地垫很有必要，可供路人进店时顺便蹭蹭鞋底，减少对店内地面的污染。但是，千万别一块地垫连续用几年，磨损严重、遍布污渍甚至比路面还要脏也不换，那就起反作用了。

店老板要针对以上因素一一检查，逐一处理，消除路人进店的障碍。开店做生意，先得让路人进店，要是路人连店门都不愿进，还怎么做生意呢？

第四节 店里的垃圾桶

再小的一家店，从生意经营的角度来讲，也是由上百个环节所组成的。要提升经营效能，就要持续优化每一个环节，哪怕是一个垃圾桶，也是值得琢磨的。

店里最不起眼的东西，大概就是垃圾桶了。垃圾桶的功能很简单，就是存放垃圾的，但就是这么个普通的小物件，也是值得注意的。很少有门店会注意到垃圾桶的形象问题，往往是买几个便宜的塑料垃圾桶，随便一摆就完事（见图3—1）。

图3－1 廉价的塑料敞口垃圾桶会拉低门店档次

1. 垃圾桶别放店门口。

有些老板喜欢把垃圾桶放在店门口，认为垃圾桶太脏，会影响店里干净整洁的环境，放到店门口好一点。但这只是店家从自己的角度出发的想法，没有考虑到顾客的感受。换个角度来看，垃圾桶差不多是店里最脏的东西了，把最脏的东西放在店门口，顾客看到了会想些什么呢？

（1）脏，恶心。

如果垃圾桶散发出异味的话，那就更要命了，会直接拉低顾客对该店的印象。

（2）把垃圾桶摆在店门口，说明这家店没有公德心。

把脏东西摆在店门口，就是堵客进店。

2. 用带盖子的垃圾桶。

购买垃圾桶时，尽量选择带盖子、脚踩开启的那种。毕竟，垃圾桶里的东西既不干净又不好看，没必要展现出来，有个盖子遮挡住垃圾自然好一些。要注意的是，那种自动感应开盖的垃圾桶就别买了，容易坏不说，顾客路过时突然自动开启的话，会把顾客吓一跳。

垃圾桶虽然只是存放垃圾的小东西，但在细节上也要注意，门店里面垃圾桶的尺寸要稍大些，并且尽量选择金属材质的，且一定要带盖（见图3—2）。

图 3－2　金属材质的带盖垃圾桶

3. 垃圾桶要套上垃圾袋。

图 3－3　塑料敞开式垃圾桶与金属材质的带盖垃圾桶对比

为了便于清理，垃圾桶应套上垃圾袋（见图 3—3）。套垃圾袋时有几个细节要注意：

（1）套 2～3 层垃圾袋，防止单层袋子漏水。

（2）垃圾袋上部边缘要翻卷起来，这样显得整洁。

（3）套上垃圾袋之前，在垃圾桶内壁喷点酒精，既能灭菌杀毒，也便于将垃圾袋吸附在内壁上。

4. 垃圾桶的数量及摆放位置要得当。

（1）收银台内侧放一个，主要是供店员使用。

（2）店内的顾客休息区/洽谈区放一个。

（3）店内立柱旁边放一个。

（4）墙角若是没有摆放商品的话，可放一个。

（5）高档商品及荣誉墙附近不要摆放垃圾桶。

（6）摆放垃圾桶的地面要加贴说明标签，固定垃圾桶的摆放位置，以体现本店的管理十分规范（见图 3—4）。

5. 垃圾桶的尺寸要大一些。

门店毕竟是商业场所，垃圾桶的尺寸要适当大一些，容量应至少在 20 升以上。

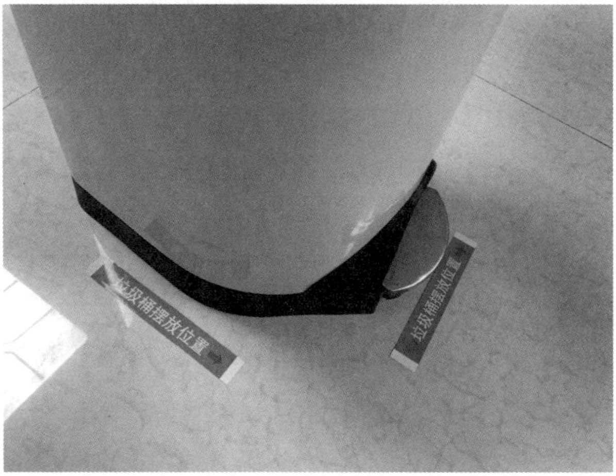

图 3－4　地面加贴垃圾桶摆放位置标签

6. 垃圾桶的颜色和材质有讲究。

（1）垃圾桶的颜色要与店内装修风格相搭配。灰色和棕色是最常见的选择；若不能确保清洁频率的话，就别选白色和红色的。

（2）尽量选择结实的、金属材质的垃圾桶。那种廉价的塑料网篮式垃圾桶尽量不要用，档次太低。另外，仿皮革材质的垃圾桶也不要用，因为清洁不及时的话，会很显脏，且俗气。

7. 做好日常的检查维护。

每天应至少检查 4 次以上，一旦发现垃圾达到垃圾桶容量的 80%，就要更换垃圾袋。若是有气味浓烈的垃圾（例如吃剩的午餐等），应立刻更换垃圾袋。不能出现垃圾溢出的情况。

第五节 顾客进店厌恶点检查

从开店做生意的角度来说，千万不能惹顾客生气，顾客一生气，这生意就谈不拢了。从主观意愿上来说，没有哪个店老板会主动招惹顾客，但是，一些无意中说出的话语、露出的表情、做出的肢体动作，或是门店现场环境的某个方面，可能会导致顾客感觉不爽，心生厌恶，生气走人。

这里，我们对门店现场环境这个环节进行梳理，列举出若干会让顾客产生厌恶情绪的点，以便大家对照着进行检查。

1. 进店被静电打。

秋冬季节，顾客拉门进店时，手一碰到金属门拉手就被静电打了，虽然时间极短，但立即点燃了顾客心中的怒火。

应对措施：在门店拉手上张贴提醒标签，加装小型静电消除装置（见图3—5）。

图3－5 “当心静电”的提醒标签

2. 有水滴到身上。

在店外被雨淋，顾客没脾气，因为是老天爷干的，但若是在进店时被店招上的滴水滴到，或是进店后被店里天花板的滴水滴到，那顾客就会火冒三丈了。这就不是老天爷的事了，而是门店管理者失职，完全不考虑顾客的感受。

应对措施：在安装店招时，应同时安装导水槽，并主动检查门店楼上是否有滴水点（例如楼上有空调滴水等）；在雨天，要及时检查天花板是否有漏水的情况。

3．店门口地面积水。

店门口的人行道，有的是用地砖铺的，在雨天，砖缝之间很可能有积水，肉眼看不出来，但一踩上去积水会立即溅出。

应对措施：主动对店门口的地砖进行检查，发现有松动的，应及时用水泥进行填缝处理。

4．碰到拖把、扫帚。

有些店喜欢把清洁用品（拖把、扫帚之类）随意摆放在店内，顾客进店时很容易不小心碰到扫帚杆、拖把杆。另外，清洁用品也是店里最脏的东西，一些比较讲究的顾客看到这些东西会条件反射般地闪到一边，心中暗骂这家店怎么可以把这些脏东西到处乱放。

应对措施：拖把、抹布、扫帚，这些清洁用品应该收纳、隐藏起来，不能让顾客看到，更不能让顾客碰到。

5．当着顾客的面扫地。

一些爱干净的店员看不得地面有垃圾，一发现垃圾就赶紧拿扫帚过来打扫。但扫地要看时机，不然的话，当店员低头扫地的时候，顾客正好走过来，看到店员拿个扫帚对着自己扫来扫去，马上心里就会感到不舒服，心想："这是要扫我出去吗?"再加上扫地时，多少会有些灰尘飞扬，如果那些鼻子敏感的顾客吸入灰尘的话，必然会心生厌恶与反感。

应对措施：不要当着顾客的面扫地。另外，最好使用小型吸尘器来清洁地面，把灰尘直接吸走，而不是从东边扫到西边。

6．碰翻垃圾桶。

如果店里的垃圾桶放置不合理的话，顾客在店里走动时，可能会不小心碰翻，导致垃圾撒了一地，要是垃圾桶里装有店员扔掉的早餐、顾客的宝宝换下来的尿不湿，以及烟灰的话，那场面可真是够乱的。

应对措施：垃圾桶放置的位置一定要测算过，确保顾客在走动时不会碰到，而且要使用带盖的垃圾桶，即便被碰翻，垃圾也不至于撒出来。

7．踏空。

街道地面和店内地面不在同一水平面上，或是店内有台阶，都有可能导致顾客走动时踏空，即便没有摔倒，也会让其受惊，并且迅速产生不爽之感。

应对措施：店门口内外的地面最好不要有落差，需要设置台阶的地方尽量采取斜坡过渡的方式，或是张贴明显的提醒标志。

8. 地面不平。

如果有地砖破损、地毯卷边、木地板鼓包等情况的话，顾客踩上去就会觉得不舒服。

应对措施：要确保地面基本平整，走在上面很稳。

9. 碰脑袋。

有的门店分上下两层或是在店内设置有洗手间，但店内空间高度往往有限，顾客在上二楼或是使用洗手间时，容易撞到头，轻则疼上几分钟，重则眼冒金星。

应对措施：若空间高度有限是建筑物本身的原因，碰头点无法消除，那么，除了多贴些提示标志外，还可以用软性材料进行防护。

10. 店内有刺鼻的气味。

洗手间的味道、剩余食物的味道、装修的气味等，这些刺鼻的气味都会让顾客心生不爽。

应对措施：店内有异味，长时间待在店里的店员自己往往闻不出来，需要定期找外人进店评测，看是否有令人不适的异味。

11. 刺眼的灯光。

谁都不喜欢灯光对着自己直射。

应对措施：店内尽量采用反射式灯光，尽量不显露出光源，即有光线却看不到光源。

12. 播放的音乐不当。

店内播放低俗不堪或是刺耳的音乐，或是音响有杂音，顾客听起来就是噪声。

应对措施：播放专用背景音乐曲目。

13. 地面的线材。

地面的电线或是其他线材有可能会绊倒顾客，反应快的能跳开，反应慢的就会重重摔落在地。

应对措施：地面不能有任何可能绊倒顾客的线材。

14. 粘住顾客鞋子的东西。

如果把封箱胶带或是带背胶的商标随意丢弃在地面上的话，那么顾客走过时，会粘住顾客的脚底。

应对措施：这些带黏性的东西应丢进垃圾桶，以免被顾客踩到。

以上都是门店里常见的一些现场环境层面的厌恶点，顾客进店后一旦遇到，会立即产生厌恶感，不爽且烦躁，会马上否定这家门店。

每一个厌恶点都是障碍点，它们固守在店里，每天都在赶走顾客。

第六节 化解店小的麻烦

门店面积小，房租成本会相对低一些，但也会带来一些问题：在顾客看来，面积这么小的店，肯定是私人开的小店，实力有限，货品的真伪存疑；管理可能不规范，也许开不长久，售后估计也没保障。若是管理不善，让顾客看到存在破、脏、旧、乱等现象，那就更要命了。

为了生意，为了不淹没于一众门店之中，为了吸客进店，为了彰显小店的正面形象，需要站在顾客的角度设法对门店进行改造。虽然门店的面积是固定的，但在很多方面还是有变化空间的。

1. 店招。

（1）尽量把店招做大点，若是不能左右拓展，那就上下拓展。

（2）店招的主体颜色采用白色、黄色、橘色等立体色系，避免使用黑色、灰色等收缩色系。

（3）每天都要对店招进行清洁。干净整洁的店招能提升顾客的好感，每天的清洁行为也能体现出小店的规范化。

（4）店招带发光功能更好。

2. 挂靠大企业。

（1）主动在店招上标注“××企业下属门店”。

（2）带编号。

（3）营造出这是一家某大企业直营门店的氛围。

3. 店门口的台阶和地面。

（1）店门口若是有台阶，首先要确保台阶没有破损，另外可考虑加贴台阶包边，既防滑又显眼（见图3—6）。

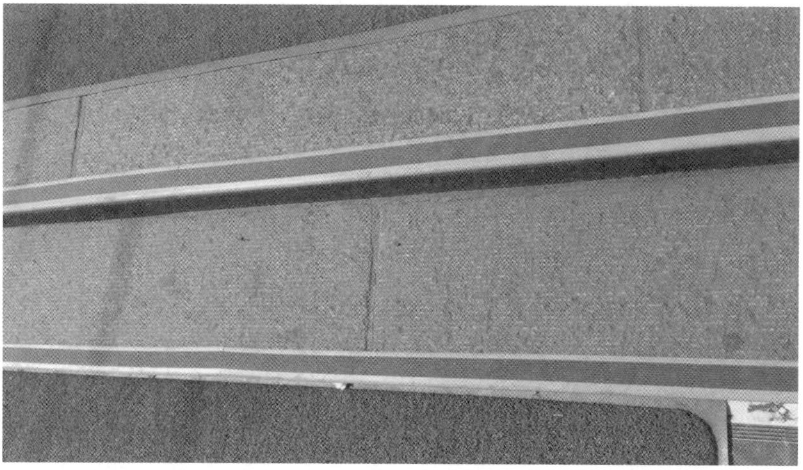

图 3－6　台阶包边后的效果

（2）再加贴“小心台阶”的提醒标签（见图 3—7）。

图 3－7　“小心台阶”的提醒标签

4. 门店已经很小了，就千万别在店门口堆放东西或是停车了，不然就把店门口完全堵住了。

5. 千万别挂出“回收烟酒礼品”之类的牌子，不然顾客对店里商品的真伪就更没底了。

6. 店内保持开灯状态。

店内灯光的亮度一定要超过街道上自然光的亮度，且用暖色调的灯光。光线会使门店的面积显得大一些。

7. 加挂 LED 字幕屏。

店招下方若是还有空间，可加挂 LED 字幕屏。

8. 店门口放置电子显示板（见图 3—8）。

若是城管许可，可考虑在店门口放块电子显示板（电子黑板），用来做手绘海报。电子显示板要保持通电状态，充分展现海报效果。

图 3－8　电子显示板

9. 店里安装照地射灯。

若是当地街道管理严格，不允许在店门口摆放电子显示板，则可在店里安装照地射灯，将光束打到店门口的地面上（见图 3—9）。

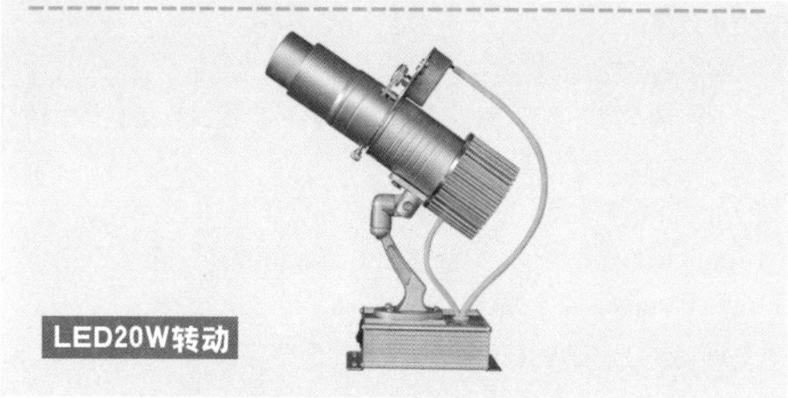

图 3-9 投影小射灯（照地射灯）

10. 店内面朝大街一侧的上方悬挂屏幕。

店内面朝大街一侧的上方可挂块屏幕（是给过路行人看的，不是给店老板看的），滚动播放企业的广告宣传片或是生产流程的视频。若是没有合适的视频，可以播放 CCTV 新闻频道，但不要直接播放电视节目。

11. 淡化私营色彩。

尽量淡化门店的私营色彩，不要出现财神像、观音像、关公像、开业时朋友送的貔貅，还有老板孩子的作业本和玩具、烧饭的煤气灶、佐餐的辣酱等私人生活物品。

12. 背景音乐。

店内播放轻柔的背景音乐，切忌放口水歌。如果不知道选择什么音乐的话，可直接播放当地的音乐电台。

13. 安装镜子。

店内多装一些镜子，尤其是天花板上。通过镜子的反射来增强空间感。

14. 提升店内公共用品的档次。

店内公共用品（如垃圾桶、烟灰缸、挂钩、擦拭毛巾等）的档次要提升，不要土味十足。

15. 制作专属品。

定做一些低成本的专属品，例如塑料包装袋、一次性打火机、专属防伪标签等。门店虽小，也要建立起自己的品牌属性。

第七节　突出小店的专业性

大卖场突出的是门店品牌和综合实力优势，电商突出的是种类和价格优势，作为小店，应更多突出服务和便利（就近购买，买了马上能拿走）。

顾客愿意购买的前提是放心。相对于大卖场来说，小店面积有限，在实力层面不好展示，不过可以在技术层面有所发挥，突出自己的专业性。相对于大卖场和电商的大而泛泛，小店能做到小而专业。

这个专业性不是靠老板嘴巴说说就可以的，需要有些配套的措施，让顾客能直接看到、感受到。当然，成本还不能太高，不然店老板吃不消。这里列举出一些可选措施：

1．摆放专业书籍。

收银台旁边放些专业书籍是最简单的一种做法。店里卖酒就放些酒类历史、文化、工艺方面的书；店里卖烟就放些烟草历史、工艺方面的书；相关的法律书籍也要有，数量不用太多，三五本即可。（见图 3—10）

图 3－10　烟草类书籍

若是做得再细致些，可在书里夹些书签，表示有阅读。如果再放一本《中华人民共和国消费者权益保护法》或是《××年度××行业 AC 尼尔森市场分析报告》在最外面，那就更好了。

2. 对商品采取专业存储措施。

有些商品对存储是有要求的，在光线、温度、湿度等方面有一定的指标。拿红酒和卷烟来说，红酒需要放恒温箱，温度保持在 7～18 摄氏度，酒瓶应平放，让软木塞浸泡在酒液里，还要避光（再高级的红酒，给大太阳暴晒一天也毁了）；普通卷烟要求存储在 4 摄氏度，湿度为 60% 的环境里；雪茄烟则应存储在 18～20 摄氏度，湿度为 70% 的环境里。若店里没有条件将所有的烟酒都存储在最佳的温度和湿度环境里，可考虑将部分较为名贵的烟酒放入恒温箱，并放上温湿度计（见图 3—11）。当然，这么做的主要目的是让顾客看到。

图 3－11　放置在烟柜中的温湿度计

3. 提供丰富的配件。

商品不足，配件来凑。丰富的相关配件也能提升专业度，例如与酒类商品相匹配的酒具、温酒器、醒酒器、开瓶器、割刀、抽气瓶塞（红酒用），与卷烟相匹配的外接过滤嘴、来自多个国家的一次性打火机、随身使用的烟灰包、雪茄火柴、雪茄切刀、一次性烟灰缸等。

4. 配置专业的检测设备。

专业的检测设备也能突显专业形象。大卖场不会配置专业检测设备，因为保管和使用都成问题，但在小店就不存在这些问题，老板可直接拿出来给顾客试用。店里常备的专业的检测设备包括酒精度检测仪、台式放大镜（用来查看防伪标签）、游标卡尺等。

5. 提供专业的包装。

提供商品的专用包装材料，如内衬纸、内衬板、专用包装盒及包装袋、外接提手，或是方便客户寄送的多重保护包装。

6. 展示照片和证书。

展示原料种植和生产现场的照片、产品从原料到成品的流程示意图、各代产品的发展进阶图、高等级认证证书、重要奖项的获奖证书等，用小镜框装裱起来，陈列展示。

7. 摆放原料样品。

卖红酒的，可以摆出一些葡萄叶标本、葡萄模型；卖卷烟的，可摆出各种烟叶的标本、历史名烟样品、各类异型卷烟。

8. 给出专业提示。

以小卡片、说明牌或者口述介绍的方式，对商品在使用及保管中的一些注意事项做专业上的说明。

9. 配套销售一些相关商品。

店里卖茶叶的，可配套卖适合泡茶的大容量桶装纯净水、矿泉水；店里卖卷烟的，可配套卖小型空气净化器（家用或是车载的）；店里卖啤酒的，可配套卖整袋冰冻好的冰块；店里卖饮料的，可配套卖新鲜柠檬。

10. 做好收银台的收纳工作。

一般小店的收银台台面都很凌乱，若是能做到保持收银台台面整洁有

图 3－12 文件夹及抽屉盒加贴说明标签

序，文件归纳好并带有标签说明，物品分门别类放入收纳盒并加贴标签（见图3—12），则会令顾客对门店的专业度更加信任。

门店的专业氛围是可以营造出来的，但更重要的还是店老板自身要专业——卖酒的要懂酒，卖烟的要懂烟，卖茶叶的要懂茶叶。不但要懂专业，还要能把相关的专业知识用通俗的语言说出来，不然的话，万一在专业层面与顾客对不上话，或者要现场翻资料、打电话问别人，那就难堪了。

对于顾客来说，如果进店有进博物馆的感觉，能接受到教育，学习到知识，那自然会觉得这家门店十分专业，对门店的信任度会大大提升。

第八节 小型店的不当装修

装修门店，不仅仅能显示档次，更能让过路行人建立正面记忆点，也许还能直接吸客进店。不过，若是装修不当，则不但钱没少花，还把顾客给挡在门外了。

这里说几种常见的不当装修：

1. 用某个厂家的专属门头店招。

这种店招往往是某个厂家赞助的，免费安装，在店家看来，不花钱就能装个店招，何乐而不为，于是高高兴兴地装上去了。但是，这么做会有问题：厂家赞助的店招，一般都会将厂家的品牌和主推产品打上去，占据主要位置，店家自己的店名反而被缩小放在偏下的位置，这就会让过路行人误以为这家店只是该厂家的专卖店，别的东西没有。

有厂家肯赞助自然是好事，但不能喧宾夺主，自己门店的名字和主销商品类别还是要突出的。

2. 设置高台阶。

店门口有多层台阶，顾客要拾级而上才能推门进店。店家的本意也许是突出门店的地位，但这会令顾客感觉不舒服——“我进店买瓶酒而已，怎么感觉像是进山拜神?”这样的台阶不但不会让门店“高高在上”，而且会拉开门店与顾客的距离。

3. 设置高柜台。

还有些店，顾客进店之后发现正对着一个高高的柜台，只见店老板端坐台上，顶戴花翎，身着紫金蟒袍，抄起惊堂木一拍：“呔！来者何人？见到本官还不跪下?”不好意思，说跑题了。自古以来，高柜台都用来显示自己高高在上的，旧时的衙门、银行、当铺等用的都是高柜台，但现在，别说商业机构，就连政府的办事窗口，柜台都是越来越低了。

柜台高，很容易让顾客产生“这店家高高在上”的感觉，会觉得有点压抑。另外，高柜台容易挡住视线，使得坐在柜台里的老板看不到店门口的来人。

4. 进深太长。

从大门到有人值守的柜台距离太远，有时候还得拐个弯才能看到人。虽然进深长会显得店内面积大，但负面影响也很大，顾客进店之后一眼看不到人，就会觉得这家店很冷清。

5. 采用现代高冷风格。

把门店装修成这种风格，一般是年轻店老板喜欢干的事，想脱离传统小店的陈旧形象，突出年轻化、时尚化。这种风格的装修直线多，走简洁风，配色冷峻，光线也是以冷色调为主。若是酒吧或是夜店，这么装修没问题，可店里只是卖烟酒、饮料、茶叶的，顾客多是中老年人，这种风格就等于把中老年顾客拒之门外了。

6. 在店门口设茶座。

有些店在门口摆上大太阳伞，再摆上几把沙滩椅，老板呼朋唤友在店门口抽烟喝茶。老板自己也许觉得很自在，很放松，但对过路行人来说，这几位坐在门口喝茶，就等于是一道人墙堵在店门口，要进店就得先冲破这堵人墙，若是新客，估计就不愿意进去了。

7. 装修档次与周边环境不匹配。

门店若是开在步行街、核心商圈、CBD（中央商务区），那装修档次是要高一些，显示门店的高端和商品的档次，但若是开在居民社区里、菜市场边、建筑工地附近或是普通小镇的街道上，那门店的整体装修风格就要亲民化、接地气了。门店要能与周边环境融为一体，有亲和力，有周边人群喜欢的商品以及正常的价格。

8. 店内装修过于正式。

顾客在放松的状态下更容易成交，所以，门店的装修风格应以顾客的感受为核心，尽量让顾客感觉到舒心和放松。店内装修过于正式化，对氛围营造反而不利。比如，有的店本来给顾客坐的椅子用普通的椅子就行了，却非要整上一对有浓郁办公室风格的沙发，而且是面对面摆放，这么一来，跟顾客交谈的时候，正式感、严肃感甚至是谈判的氛围马上就出来了（见图3—13），这能让顾客放松吗？

图3－13 商务风的沙发和茶几显得过于严肃了

第九节　门店的现场安全管理

除非是菩萨住在你店里，否则，各种各样的安全问题随时都有可能发生，因此，一定要做好安全管理。从技术设备层面来看，小型门店应常备安全设备，并建立基本的安全防御措施。

1. 安全监控设备。

（1）监控设备。对外、对内都要有监控，店门口、库房、收银区都是需要重点监控的地方。有条件的，还可考虑配备远程连接系统（主要用于多家连锁门店的总部监控）。在这里要提醒一点：除了安装正常的摄像头外，还可再增加一些模拟摄像头，十几元钱一个，带发光二极管的，一闪一闪的也能唬住一些人。

同时，店老板及店员都要熟悉店内监控设备的使用方法，尤其是熟练使用回放功能，这样，在与顾客发生纠纷时，可及时回放给顾客看。

（2）感应报警设备。店门口和仓库区域要安装感应报警器，感应到有人接近时，自动发出警报。现在有的设备具有欢迎铃和警报双重功能，白天营业时发出的是欢迎铃声，晚上下班后自动切换到警报模式。这些报警设备可以外露，故意让那些心怀不轨的人看到，毕竟，在店里亲手抓住小偷也挺费劲的，能吓走自然是上策。

（3）假钞检验器。虽然现在用现金的顾客少很多了，但还是要备一个。

2. 防护设备。

（1）安装用电安保器，发生短路、漏电、触电时，可迅速跳闸切断电路。

（2）明确总进水管的位置，贴上指示标签，定期检查维护（防止锈死）总闸开关，确保在紧急情况下能迅速找到总闸并及时关闭。

（3）配备灭火器并熟悉使用方法。每年至少进行数次灭火知识的培训和消防演练。另外，建议在店里放置大尺寸消防斧，在发生紧急情况时，把大斧头抡圆了，开门、破窗等的效率非常高。

（4）现场配置防护设备。尤其是当门店楼上在进行装修时，务必要在本店店招上方安装防护网，防止建筑材料或其他杂物坠落伤人。同时，要在门店左右两侧通道放置安全警示牌，提醒来往路人注意。在必要的情况下，店老板还要提高亲自巡查店外环境的频率。

（5）在本店进行店招安装或是擦洗、悬挂横幅等工作时，需要注意所使用的梯子或其他攀登设备是否牢固。严禁在没有安全防护措施的情况下进行中高空作业，只要是离地3米以上的作业，都必须使用安全绳。

（6）在铺设门店地面时需要考虑到防滑因素，尽量采用安全的塑胶地板。若是已经采用了瓷砖等摩擦系数小的材料来铺地，就得保持地面干燥，并在可能会打滑的位置铺设地垫。用湿拖把拖地之后，必须放置安全警示牌，或是使用伸缩式隔离带进行临时隔离。

（7）店里的营业人员与顾客，或营业人员与营业人员，或顾客与顾客，万一要是相互打起来怎么办？公共安全专家不会天天守在门口，所以，店里需要有一些可以迅速把打架人员控制住的设备。在合法的范畴内，可配备一些高音警报器或是消防斧之类的物品，用以应对紧急情况。

3. 店内安全代码。

店内设置安全代码，例如“一号开关”“二号开关”等，当发现有可能危及店内安全的情况时，例如有贼或是不正常的顾客进店时，及时向全店员工发出安全警报。这种安全代码外人听不懂，不会惊动到他们。

4. 医疗急救。

店内配备医疗急救包，装上能应对常见小伤的药物。同时，要清楚附近医院的位置，遇到紧急情况时，可将伤者或病人及时送入医院。另外，店内的员工至少要有一人接受过紧急救护训练。

5. 与公安部门合作。

熟悉最近的派出所或公安局的地址和电话，有条件的可申请成为110

联动单位和社会治安监视点，加入社会联防网络。

6. 远亲不如近邻。

处理好与隔壁门店的关系，建立合作协同机制，以便在发生紧急状态时，能迅速得到隔壁门店的人员和器材支持。

当然，也可以求助在店门口巡查的城管。

7. 店门口的安全检查。

别以为安全管理只是局限在店内，店门口的“一亩三分地”也在安全管理的范围之内，有些城市还在坚持门前“三包”呢。对店门外也要定期进行安全检查，例如地面是否平整，是否有突起物，地板砖是否有松动现象，地板砖间隙是否有积水（踩上去会溅出水来），冬天积雪结冰会不会让人滑倒，户外广告牌、店招是否有被大风吹落的可能等。

第十节 门店现场环境的整体设计

进店的顾客可以简单分为两大类：一类是指向性非常明确且需求急迫的，进店之后直接奔向早已确定好的目标，试货砍价，提货走人。另一类是计划性、目标性不那么明确的，只是有一定的需求和意向，但没那么着急，进店之后东看看西看看，遇到合适的就买。大多数顾客没有对计划要购买的商品进行过翔实的信息搜集与对比分析，也没有明确购买目标与预算，较容易受现场的氛围和销售人员的影响，在不断被影响、被引导的情况下，顾客也会不断修改自己的购买计划。在实际情况中，这类顾客的占比更多。

总而言之，消费者的购买决定，有70%是在现场做出的。所谓现场，指的是商品销售地的现场环境。现场环境有两大基本组成内容：人与物。

所谓人，就是出现在销售现场的人，包括销售人员、营业人员、导购、店长、顾客等。而物，则包括商品、宣传品、辅助销售器材，以及天花板、地面、家具，甚至还包括一些软环境，例如音乐与噪声、现场的气味、光线等。

接下来，我们来介绍一些门店的整体环境设计涉及的关键点。

1. 灯光。

在现场环境的各种因素中，灯光是最为明显的，顾客还没进店，在外部就能直接看到和感受到。有些店老板为了省钱，平常店里没生意的时候，就把能关的灯全部关掉，一年下来，似乎也能省个几百元电费。可是，顾客看到这种情况会怎么想呢？一家灯光暗淡、毫无生气的门店，会让顾客有进去看一看的意愿吗？电费是省了，顾客却没了。

保持店内光线充足是门店营业的起码要求。若是有橱窗的门店，更要注重在橱窗场景设置中的灯光运用。要保持光线明亮，有整体的通透感，让顾客在店外就能直接看到店内的灯光效果。

另外，不仅仅是灯光明亮就完事了，还得考虑到灯光的颜色运用。店内最好要有三套不同色系的灯光：一套是强力白色灯光，主要用于商品区的亮化照明，另外两套分别是暖色辅助灯光和冷色辅助灯光，主要用于应对不同的季节和天气。在冬天、阴雨天，开启暖色辅助灯光，让顾客有温暖感；而在夏天烈日当午的时候，则要开启冷色辅助灯光，让顾客在感官上有清爽的感觉。

在收银台和仓库区，可以使用照明亮度高的白色灯光；而在商品陈列区，尽量使用黄色灯光，不要用白色灯光，因为白光照射在商品上会显得商品没有生气。

在灯光的照射形式上，尽量采用天花板内射的形式，看起来有层次感一些（见图3—14、图3—15）。

图3－14　安装在天花板上的射灯

灯光的开启方式也可以划分成三种情况：第一种是保持开启，第二种是营业人员根据情况手动开启，第三种是自动开启。基本灯光应保持开启状态，辅助照明系统（例如冷暖色调的辅助灯光）可由营业人员根据情况

图 3－15 天花板内射灯光

开启，一些辅助照明系统可使用自动感应灯具。例如，在商品内部装上由电池供电的感应灯，当顾客打开商品的外壳（拉开冰箱的门、打开空调机的外壳），查看商品内部时，感应灯自动点亮，方便顾客查看，这同时也会让顾客感受到服务工作的细致。

2. 地面。

店内究竟铺什么样的地面也是有讲究的。地面基本可分为两大类：软地面和硬地面。所谓软地面，就是铺有橡胶垫、地毯、仿皮革垫、PVC（聚氯乙烯）地胶垫等材料的地面。硬地面，则是指常见的木地板、瓷砖、大理石地面或水泥地面。

不同的地面，顾客踩在上面的感觉不一样。在一个较为封闭的空间环境里，人在站立或是行走时，地面的软硬程度会在一定程度上影响人的思维反应。硬地面对脚步动作的反馈直接，现实感强，还会促使人的思维发散，并在一定程度上引发人的紧张感，例如恐怖电影里的脚步声，通常都是鞋底敲击硬地面的“哐哐”声。而软地面则会让人感觉舒缓和放松，因此一般高级的场所大多是铺地毯的。

在门店营业中，我们希望顾客在看商品时思维发散，最好是产生使用幻想，这会有效促使顾客当即做出购买的决定；在双方讨价还价的时候，我们又希望顾客能放松下来，脑子别太清醒。所以，在门店的地面处理方面可以下一些功夫：普通商品陈列区、店内通道区硬地面，使用顾客休息区、收银台、贵重商品区（价格昂贵的商品也会让顾客紧张）则使用软地面。

同时，还可考虑做一些花样、色彩别致的地面设计，实现差异化（见图 3—16）。

图 3－16　皮革效果的地板砖

3. 天花板的高度。

天花板的高度对人的思维是有影响的。天花板高，思维容易发散，想象力丰富；天花板低，则会在一定程度上抑制人的思维的活跃程度。在许多外资企业里，这点会被运用到办公室的设计中。市场部、销售部、会议室的天花板高度很高，因为身处这些地方的人需要有创造力，思维要活跃。而财务部、审计部、设计实验部门的天花板高度则很低，因为这些部门的人的思维不能发散，而是需要静下心来，有条不紊地推进工作。目前，绝大多数门店内的天花板高度是“一刀切”的。

我们可以对店内的天花板高度进行调整：商品区的天花板高度应尽量提升，而收银区、顾客休息区、仓库等区域的天花板高度则应尽量降低。

4. 店里的镜子。

都说女人喜欢照镜子，其实男人也一样。为什么大家都喜欢照镜子？因为在照镜子的时候，大脑会进行自我视觉修补，镜子里的影像往往要比本人的实际长相要好看些。谁不爱看漂亮的自己呢？

在门店里可设置三种镜子：

第一种是大的落地镜，主要是给顾客自我欣赏用的。顾客看到更加帅气或漂亮的自己，愉悦感有所上升，感性因素增加，更容易做出购买决定（见图 3—17）。

图 3－17 大的落地镜，供顾客使用

第二种是尺寸小一些的镜子，单片尺寸约为 A4 纸的大小，悬挂高度与营业人员的眼睛在同一水平线上。这种镜子可在店内多设几片。这些镜子是给营业人员自己用的，主要是用来对照检查自己的面部表情，及时进行调整，防止脸上的表情不佳，让顾客心生不快（见图 3—18）。另外，还可以利用镜子的折射对店内现场的安全进行监察。

图 3－18 贴在墙上的小块镜子，供店员检查面部表情使用

第三种是装在收银台内侧的镜子，是给坐在收银台的店老板或是收银员用的，用来及时对照镜子调整表情（见图3—19）。

图3－19　收银台内侧的镜子，供收银员使用

第四章 顾客接待

本章核心内容点：

做生意的核心过程是人际往来，待客之道就是生意之道。相对大型店和电商，小型店的运营特点是服务先行，在接待次序上应是先卖『人』再卖『货』。在接待顾客的过程中，先把自己卖出去，获得顾客的认可，接下来才有生意。

第一节 进店顾客的类别划分

对于店家来说，肯定希望每个进店的顾客都能顺利成交，希望顾客买高端商品，希望接到采购大单，希望顾客回头购买，希望顾客再带顾客来。

不过，希望归希望，顾客进店后不一定会买东西，甚至都不一定是正常人。这里汇总一下进店顾客的常见类别。

1. 进错店的。

进错店的顾客在发现走错之后，别说买东西了，连看都不会多看一眼，掉头就走。

2. 进店寻求帮助的。

过路行人进店问路、借用洗手间等，店家若是能热心相助，也许还能把行人转化成顾客。

3. 进店消磨时间的。

在附近等人、等车，想找个地方来消磨时间，坐下来休息一下，吹吹空调。这类人有个特点，那就是脸上的表情通常很严肃，不需要接待和介绍。

4. 要饭的。

模式一："恭喜老板发财！恭喜老板财源广进！"

模式二："我们是××庙的，广结善缘做法事，您做个功德吧。"

模式三："可怜可怜吧，我都三天没吃饭了，打发点吧。"

走了一拨又来一拨，每天都让人不堪其扰。

5. 闪客。

进店，快速转一圈，离店。也许连是男是女都还没分出来，人就已经走了。

6. 拍客。

拿个相机各种拍，不让拍还不高兴，拍完了大多抬腿就走。

7. 脑子不好的。

不是所有的顾客都是正常人，也有可能来了一个精神病患者。

8. 喝醉酒的。

有时候会碰到喝高了的顾客。不过，人在醉酒后更容易做出购买决定。

9. 参观考察的。

主要是各类创业者前来参观学习，这类人看得多、问得多、拍得多，但买得少。

10. 同行来做市调的。

同行进店做市调的，通常一进店就直奔商品而去，打听价格，询问活动，并统统记录下来，又或是来抄版的。有些老板会在店门口贴上“同行莫入，面斥不雅”的告示。

11. 政府职能部门来例行审查的。

诸如消防、城管、街道、公安、卫生防疫、工商等。

12. 媒体来采访的。

媒体的采访行为也不见得都是规范的，尤其是下面三种情况：

(1) 没提前打招呼预约，突然冲到店里要采访。

(2) 不正大光明地采访，而是偷拍。

(3) 发生行业性事故时，做有针对性的负面采访。

13. 贼。

进店的贼一般分为三种：

(1) 进店偷东西的。

(2) 尾随顾客进店，下手目标是顾客的。

(3) 白天来踩点，等到夜里再来动手的。

14. 骗子。

骗子玩的花样很多，诸如换钱、卖假货、改装验钞机、声称大单位要定向采购等。

15. 急客。

很着急要买，马上就要提货。

16. 先来看看的。

当下肯定不会买，只是先来搜集信息的。例如房子要三个月之后才交房，装修方案都还没定，现在只是先来看看家电、家具。

17. 可买可不买的。

看情况，若是合适，也可能当场买下，不合适的话下次再说。

18. 带随行者的。

碰到带家人的、带亲戚朋友的、带闺蜜的、带孩子的、带宠物的，可要当心点，好多生意不是毁在顾客手里，而是毁在顾客的随行者手里。

19. 过来退货、投诉的。

来要求退货、赔钱，或是维修、换货的顾客。

20. 再次进店的意向顾客。

前期已经来看过了，觉得商品还不错，有初步购买意向，现在再次进店，说明他已经到各家转了一圈，家里也商量好了。

21. 进店聊天的老顾客。

不买东西，只是路过，进店打个招呼，聊几句闲话。

22. 回头的老顾客。

前期已经买过东西的老顾客今儿又来买了，或是带新顾客来选购。

23. 隔壁门店介绍过来的。

隔壁的店老板介绍过来的顾客。

24. 送礼型采购者。

不是给自己买东西，而是买来作为礼品送人的。这类顾客选择商品时比较看重商品的品牌和档次。

25. 赔偿型采购者。

买东西时的心情不会好，商品质量差不多能满足赔偿的要求就行了，价格越便宜越好。

26. 单位采购者。

公事公办，替单位采购，先看价格、品牌、功能是否符合要求，再看看店家的服务态度如何。

27. 纯看价格的。

已经买了，或是别人送的，这次进店纯粹就是来看看东西的价格。

以上所列的只是常见的类型，实际上，进店的顾客不止这 27 种。这其中有相当一部分不是正儿八经的顾客，甚至是来捣乱、找麻烦的。但是，开门做生意，来的都是客，都得接待、面对。因此，得学会迅速识别，然后分类接待。

第二节 接待顾客的第一句话和最后一句话

与顾客的沟通话术，从次序上来看，打招呼是第一句话，告别则是最后一句话。从技术难度上来看，这第一句话和最后一句话也是最为简单的。

一般来说，顾客进店以后所听到的第一句话，就是店老板跟自己打的招呼。打招呼，也就是欢迎致意，一两句话的事，技术要领相对简单。打招呼的要点如下：

1. 把握原则。

让顾客在进店的瞬间就能听到欢迎的话，感受到店家的积极和热情，对门店产生良好的初步印象。

2. 时间点把握。

最好是在顾客踏入店门后的 3 秒钟之内。若超过 3 秒钟还是没有人跟顾客打招呼的话，顾客会明显感觉受到冷落，因此会对门店产生初步的否定想法。

3. 提示设备。

顾客进店的瞬间，店老板有可能正忙于接待其他顾客，或是正埋头整理货物，没能及时发现顾客进店，怠慢了顾客。可以考虑在店门入口处安装一个自动感应门铃，感应到有顾客进店时，自动播放欢迎词，同时也提醒店老板来顾客了。

4. 说什么。

绝大多数店里的欢迎词都是“欢迎光临”。这么说当然没问题，不过，各家门店都用这一句，顾客听得多了，也就没啥感觉了。建议改为按照当前的时间点来与顾客打招呼，例如“早上好”“中午好”“下午好”“晚上好”，这样多少有一点差异。另外，“欢迎光临”这句话说出来后，顾客很难接话，可能会有一点冷场。

5. 语速。

语速别太快了，快了就会让顾客感觉店老板是没有感情的程序化、机械化应对。所以，应该放慢语速。按照测算，说完“欢迎光临”或是“早上好”的时长，应控制在 1.5 秒较为合适。

6. 普通话还是地方话。

出于彰显门店规范的考虑，第一句话最好还是用普通话来说。

7. 店老板说话时的状态。

在说出第一句话的时候，店老板也有两种状态：第一种是什么都不干，站立在门口，客人进店就马上说“欢迎光临”；第二种是店老板在干活，如整理货架或是收拾物品等，看到顾客进门，便停下手里的活，直起腰打个招呼。从顾客的感受来说，第一种状态有点专门在等顾客的味道，会让一些顾客感觉紧张（尤其是一些底气不是很足的顾客），还有可能让顾客觉得店里冷清，现在没生意。第二种状态会让顾客感觉更自然、轻松些。

有始有终。在顾客临走前，最后一句话应该怎么说？

顾客在离开门店时，一般有三种状态：

1. 已经购买。

2. 未购买但有购买的意向。

3. 未购买且无购买的意向。

在顾客临走时，跟顾客告别有以下要点：

1. 若是顾客已经购买，或是未购买但有购买的意向，可由店老板送至门口。

2. 标准的告别词是“欢迎下次光临”，也可以使用一些更有人情味的告别词，例如“好走”“下次还来”“慢走”等，再说些表示关心的话，例如“道黑，当心”“风大，穿好衣服”“有雨，当心路滑”等。

3. 仍然要保持较慢的语速，展现出与欢迎顾客进店时一样的笑脸。

4. 在说完告别词之后，最好再站立一会，目送顾客离去。不排除顾客出门后突然又回头看看，若是店老板此时仍处于站立目送的状态，顾客的感受会好很多。

5. 考虑到顾客在离店后仍然有回头再看一下的可能性，所以，在顾客离店后，店老板切忌迅速与其他店员聚集在一起说话，不然被顾客看到后，会认为这帮人是在议论自己，会迅速对这家店产生厌恶，下次再来的可能性就大大降低了。

第三节　接待顾客的第二句话和第三句话

接待顾客的第一句话是打招呼，是表示欢迎，第二句话就涉及销售工作了。按照最基本的销售原则（建立关系—发现需求—进行销售），首先要了解顾客的需求，所以，第二句话一般是询问顾客的需求。常见的话术如下：

1. “您需要买什么？”

2. “您是来买××的吗？”

3. “有什么能帮忙的？”

但这类询问需求的方式过于直接，等于逼迫顾客马上说出自己的需求。那些不愿过早暴露实际需求，或是还没有明确购物目标的顾客，往往不愿意正面回答这些问题，比如他们会说：“我先看看。”

此言一出，店老板反而不好接下去了，若要硬接的话，只能说：“您要看什么？我给您介绍一下。”

顾客：“我先看看嘛。”

店老板：“……”

还有更糟糕的话术，就是立马开始介绍本店正在开展的活动和刚上市的新品，试图给顾客一个正面的、有利的信息，以此来引导顾客的购买需求。可是，在没有明确顾客需求的情况下直接介绍产品或是活动是很盲目的，顾客也会认为店老板不够尊重自己，只顾着推销。即便顾客对活动或新品有些兴趣，双方进入了沟通阶段，也会因为缺乏关系建立和明确需求这两个铺垫而难以彼此信任，陷入讨价还价的拉锯战，难以达成一致。

因此，从稳妥的角度考虑，第二句话应该这么说：“您想看看什么？”

回答“看什么”比回答“买什么”要轻松多了。店老板只是询问顾客想看什么，没有逼迫顾客回答购买需求，顾客回答起来也比较轻松，他们大多会回答：“看看×××。”

这样一来，店老板的第三句话也容易说了：“您要看×××呀，请跟我来。”或是：“好的，×××在这边。”“好的，×××正好有新货。”

接下来，就可以进入明确需求的阶段了。

店老板主动询问顾客想看什么，也是从预防的角度阻止顾客自己表达他要看什么，在一定程度上迫使顾客初步说出他的购买方向。所以，“看看×××”这句谁先说，谁就占据主动。店老板一定要先说，抢得先机，避免被动。

若顾客还是坚持说“我先看看”，那么，店老板就别再坚持了，第三句话可松缓一下：“好的，您先看，有什么需要随时叫我。”然后后退一步，仍然保持对顾客的注视。

这样，既给顾客留出空间，也表示自己处于待命状态，只要顾客有需要，随时提供服务。

若店老板只听从字面的意思，就会想：“顾客说自己看看，那就让他自己看好了，我还要忙别的事情。”然后转身而去。顾客一看老板转身走了，顿时不高兴了：“我只是先看看，暂时不需要具体的服务，让你先处于待命状态，需要时再叫你过来，接下来还会买呢，你却掉头就走?”顾客会感觉到不被尊重，被冷落。

所以，店老板请顾客自行观看之后，要继续用眼神关注顾客，或是在一定距离外跟随顾客，也就是用行动向顾客表态：“我这是给您留出空间，保持待命状态，您有需要时可随时叫我。”

在这之后，顾客的举动往往有两种：第一种是直接冲到某类商品面前，这说明他的目标已经比较明确，或是前期来看过；第二种是在店里四处打量，这说明他对这家店还不熟，要先看一下。

对于第一种情况，店老板可紧跟上去向其介绍商品。商品的基本情况就不用过多介绍了（顾客应该已经对商品有所了解），补充介绍一下当前的新改款、新元素、新活动即可。简单一两句即可，切忌喋喋不休。若顾客搭话，则引导顾客进入明确需求阶段。对于第二种情况，店老板可把店内的商品分布情况简单给顾客介绍一下，如商品类别、品牌类别、价格类别等，这既方便顾客自己观看，同时也是在制造沟通机会，只要顾客一搭话，就可以顺理成章地进入明确需求阶段。

关于第二句话和第三句话，有个小细节要讲一下，就是用普通话还是地方话的问题。出于店面的形象考虑，第一句话一律是用普通话，但从第二句话开始，就要根据顾客的反应来选择语言了。若顾客搭腔用的是地方话，那么店老板从第二句话起就改用地方话，这种由高到低的小落差能给顾客以亲切感；若顾客搭腔用的是普通话，那么就继续用普通话与顾客沟通。

第四节 急客的接待

什么是急客?

简单来说就是着急买东西的顾客。也许是家里等着急用，也许是单位下了紧急采购任务，也许是临时需要送礼，也许是自家孩子闯了祸，要赶紧买一个赔偿给别人。

这类顾客的特点很明显，比较容易识别：

1. 进店时走路的速度较快，几乎是一头冲进来的，与普通顾客晃悠悠进店明显不同。

2. 普通顾客边进店边东张西望，急客进店时，眼睛是盯着某一个点的，脑袋几乎不转动。

3. 脸上的表情较为严肃。

4. 进店后往往直接走到某件商品前，或是直接冲到收银台询问某样商品。

5. 普通顾客在刚进店时，会忽视营业人员的介绍，说要自己看看，而急客则会主动找营业人员询问商品情况。

6. 在了解商品信息时，关注点主要集中在型号、是否有现货、库存数量、提货/送货情况、到位的价格是多少等上面。

总的来说，急客会主动表达相关的购买需求，也希望店家能给出一个到位的价格。同时，急客自己也有点担心，担心店家利用自己急于购买的心态，不肯给出最优惠的价格，或是隐藏一些优惠条件。所以，急客有时候也会故意释放出一些信息，例如声称自己对这类商品很熟悉，以前经常采购，或是已经去过哪几家同类的店，意思是自己很懂行情，店家你可不要蒙我。

那么，针对这样的急客，怎么样接待才较为妥当呢？要点如下：

1. 基本信息确定。

如采购性质、品牌、型号、数量、配套商品需求、票据要求、送货及提货要求等。

2. 表情调整。

顾客急于采购，急于完成任务，是有点压力的，所以顾客脸上的表情也会比较严肃。这时，作为店老板，脸上就得要有对应的表情，也得严肃起来，说话的语速也得加快，千万不能带着笑脸，或者是慢条斯理地说话，那样会让顾客更加烦躁。

3. 压缩常规接待流程。

急客的时间很宝贵，就别按常规的程序来接待了。那些进场寒暄、消除陌生感、建立信任、产生兴趣、深入了解全面需求、商品详细介绍、优惠活动介绍等环节可直接跳过去，除了提供给顾客需要的信息外，其他的能省则省，顾客没时间跟你磨牙。

4. 全店紧张。

若店里还有其他营业人员，应及时将急客的需求信息传递给全店所有的员工，让所有的员工先都围过来一下。所有员工脸上的表情、说话的语气都要紧张起来，让顾客感觉到，不仅仅是接待自己的营业人员紧张，全店的员工都在为自己的紧急采购项目而紧张起来。这会让顾客产生强烈的对比感受，感受到这家店的态度与自己之前进过的其他店明显不一样。

5. 动作加快。

店老板除了表情要紧张外，动作也得加快。例如去拿资料或是看库存的时候，要一路小跑过去。若是交代其他营业人员去拿资料，嘴上也得叮嘱一句："要快!"这也是从侧面表示自己很把这笔紧急采购当回事，想顾客之所想，急顾客之所急。

6. 主动打消顾客的顾虑。

前面说了，有些顾客会有些顾虑，担心店家趁着自己急于采购的心态，不肯降低价格，或是隐藏优惠条件。这时，店老板就得主动说出顾客心中的顾虑，并主动表示："虽然您是着急购买，但我这家店也不是临时开的，我希望做长久生意，不做一锤子买卖，我不会利用您急着采购的心理乱要价的，价格和优惠条件反而会给得更到位。因为您这是马上就采购，对我来说马上就能形成实际购买，价值度更高。所以，价格方面，我一定给您好好核算核算，确保合理。"如此一来，就主动打消了顾客的顾虑。

7. 更换沟通场地。

急客进店后，尽量把顾客往店里面带，让顾客坐下来。这类顾客心里着急，如果在接待方面大意了，他可能掉头就走了，所以，得尽量拉着点。此外，若店后面有仓库的话，尽量把顾客带到仓库里去谈，让他看看堆积如山的货物，展示自家店的专业度和实力，顾客会感觉这家店更靠谱。

8. 商品介绍。

首先，不要翻箱倒柜找商品资料，那样显得慌乱，而是一定要先拿好资料（或是让其他营业员去准备资料）。其次，在介绍商品时，也不要给顾客太多的选择面，那样会把顾客搞晕。若顾客心中有明确的型号、款式最好，若没有，那么，给顾客推荐时，最多推荐三款即可。

9. 主动的配套服务。

主动向顾客表示："您这要得急，相关的找货和送货工作我马上安排，争取以最快的速度完成。有些不着急的手续，例如客户资料填写、挑选赠品、开发票等，您可选择一个不忙的时间再过来办理，或者我们这边办好，给您送过去。"

10.. 观察顾客的反应。

急客进店的时候表情是焦急的，接待后期要注意观察顾客的表情，如果仍然是很焦急的样子，说明顾客对店老板或是商品不满意，问题还没解决，他还得抓紧时间去其他店。若顾客表情已经放松，那是个很好的信号，说明顾客很满意店里的商品和服务，问题解决了，已经不着急了。

第五节　顾客在场时不能做的七件事

对于顾客来说，一家店及店里的人都是陌生的，他刚进店时，对门店的感觉是零。若是店里的服务良好、环境舒适、店老板和蔼可亲，那他心中就会不断地给门店加分，反之就会不断地减分。当分数低到一定程度时，顾客就会离开这家店了。

影响顾客打分的因素有很多，其中店老板自身的原因占比较大，例如表情、语言、举止等。下面列举一些常见的会导致减分的举止行为，当顾客在场时，店老板尽量不要做这些事情。

1. 扫地。

清洁工作只能在没有顾客的时候做。若是顾客在场的时候店老板有扫地、吸尘、擦拭货架等行为，顾客首先产生的感觉就是："这是要撵人走啊!"另外，扫地时扬起的灰尘、吸尘器发出的噪声都会影响顾客的情绪，导致顾客不悦或是烦躁。

2. 打喷嚏、咳嗽。

首先，这是很无礼的行为。其次，这存在传播疾病的可能。在顾客面前打喷嚏、咳嗽，会让顾客顿时心生反感，迅速离你三丈开外，甚至是直接离店而去。万一遇到突然想打喷嚏的情况，可以采用仰头看灯光的办法来消除。

3. 吃东西。

当着顾客的面吃东西（常见的是吃早餐）的行为不太雅观，牙齿上没准还沾有食物残渣，十分影响形象。另外，有的食品会散发比较强烈的气味，会导致店里气味不佳。这种行为会让顾客认为这个店老板还没有进入工作状态。

4. 吃药。

无论店老板在吃什么药，只要被顾客看到了，顾客立即就会想：“有病的人才吃药，这个店老板一定有病！”没准还会猜想这个店老板得了什么病……

5. 挠痒痒。

挠痒痒同样是不雅的行为，会让顾客产生一种想法：“这个店老板是不是不爱干净？”

6. 手忙脚乱地找东西。

找资料也好，找宣传单张也好，找说明书也好，找赠品也好，找单据也好，只要是店老板当着顾客的面手忙脚乱地找东西，顾客立即就会认为这家店管理混乱，连最基本的物品管理都做不好，看来售后方面也不靠谱。店里物品的摆放一定要合理、到位，并且加贴说明标签，方便在有需要时可以及时拿取。即便要找东西，也别让顾客看出来你是在找东西。

7. 挂着耳机。

不管是有线耳机还是蓝牙耳机，也不管耳机是否启用，只要是把耳机挂在耳朵上，顾客就会认为这店老板的心思没有放在接待上，只顾着听音乐，或是随时准备接电话。

第六节　顾客说“太贵了”

媳妇无论丑美，都是要见公婆的，商品无论价格是否合理，都是要面对顾客的。有的顾客看到价签，或是听到店老板报出价格之后，会说：

“好贵!”

“太贵了!”

“哪有这么贵的?!”

“我在××地方看到才×××块!”

“这么贵啊？你们不如去抢好了!”

总而言之，顾客认为太贵了，不满之词脱口而出，并且还伴随有一些肢体动作，如：

1．瞪圆双眼。

2．摇头。

3．放回手中的商品。

4．转身做欲走状。

当店老板碰上这种情况时，往往会感到不爽，心里嘀咕：

“居然说我的东西贵?!”

“你识不识货啊?!”

“是不是买不起啊?! 我刚才给你介绍了那么多，难道白说了?!”

“完全是胡说嘛，这哪里贵了?!”

或者是有些沮丧：

“我早就说了，这个产品的价格太贵了，顾客很难接受的。”

“怎么一天到晚总是遇到些说贵的顾客?”

“现在生意是越来越不好做啊!”

“厂家也是，这个价格明明是有问题的嘛，完全不考虑我们这里的市场行情，这么贵，顾客怎么会买？”

以上都是店老板自己在心里想的。在口头语言上，常见的回应有：

1. 店老板：“我们这个产品不贵啊！”

（顾客心想：“我说贵，你非说不贵，这不是抬杠嘛？”）

2. 店老板：“你要看性价比呀，要货比货呀，我们这个产品的原料、工艺……”

（顾客心想：“你现在和我说这些都没用，都是虚的，价格能不能降下来才是实在的。”）

3. 店老板：“我们这是著名品牌，大公司出的。”

（顾客心想：“著名品牌？还不都是广告打出来的，广告费还不都是加在产品里？羊毛出在羊身上，最后还不都是我们消费者来买单。”）

4. 店老板：“你说的这个价格不可能，我做了×年，从来没见过这样的价格。”

（顾客心想：“意思是怀疑我在说假话？”）

作为店老板，遇到顾客说贵时，先别着急上火。顾客说贵，起码说明顾客在关心商品和价格，价格和这次购买之间是有联系的，也就说明顾客是有购买意向的，完全不打算买的人才不会管价格呢。也就是说，顾客说贵是正常反应，不说贵才是不正常的，就像新生婴儿，哭是正常的，不哭才是不正常的。

既然是正常的，那么，消除顾客对价格的质疑也就是正常的接待工作而已。接下来，有几项工作需要做：

1. 与顾客充分沟通。

在就价格进行沟通之前，充分了解顾客的需求，做好商品介绍，让顾客先接受商品的价值，再在这个基础上谈价格。若是在价格沟通开始后再来说这件商品有多好，为时已晚，再好的卖点，这个时候说出来也显得很牵强。

2. 了解顾客说贵背后的原因。

顾客说贵背后的原因有10种之多：

（1）习惯。

完全是习惯性的，买什么都会杀价，并不是商品或是价格有什么问题，你就是给他全球最低价，他也照杀不误。这类顾客就算是去菜市场买两角钱的小葱，也是要杀价的。

（2）乐趣。

好玩，刻意追求的，三天不找商家杀个价，他就浑身不舒服。他压根不在乎实际成交价格是多少，也不管实际的付出成本，就是追求杀价过程中的乐趣。

（3）玩笑。

看起来是一本正经地杀价，其实是在开玩笑，故意逗店老板。万一店老板不识逗，硬邦邦给顶回来了，他会立马觉得扫兴，上火了，开始真杀价了。

（4）感觉。

凭感觉认为贵了，具体哪里贵、贵在哪里，他其实也不明白，更没有明确的对比物和确切的数据。

（5）对服务不满。

对店老板的接待服务不满意，感觉自己被轻视、被怠慢了，或是在商品专业方面被店老板否定了，心里不爽，心想："既然专业方面说不过店老板，那么价格方面得我认可才算，你店老板说什么价格我都不同意！"

（6）不愿意让老板赚太多钱。

顾客认可商品，也打算买，但是他既想从这个老板手里（这家店里）买，又不想让这个老板赚走太多的钱，所以要压价，尽可能压缩老板的利润。

（7）性价比。

认为商品的价值与价格不对称，不值这个价钱，或是认为这个品牌形象不足以支撑这个价钱。

（8）与其他同类商品的直观对比。

顾客自己心里并没有明确的价格标尺，只是将商品与其他类似商品进行对比，看到价格超出了同类商品，便认为是贵了。

（9）精确对比。

顾客的功课做得很足，对自己的需求很清楚，对同类商品的相关数据也非常清楚，在进行量化对比之后得出结论，认为这件商品贵了。

（10）对比自己的预算。

顾客承认东西好，也承认性价比高，店老板的服务态度也不错，但他个人的预算实在有限，这个价格超出预算了，买不起。

所以，作为店老板，得具备分析能力，能够快速判断出顾客说贵背后的原因究竟是哪一种。找到原因，才能解决问题。

3. 用玩笑做缓冲。

听到顾客说贵之后，别急着解释，先想办法缓冲一下，缓和现场的气氛。可以采用一种带有开玩笑性质的方法——对应折扣法。举个例子：有个人去买虾，问老板多少钱一斤，老板说："30 块一斤。"顾客说："太贵了！"老板说："好的，没问题，15 块半斤。"

开个小玩笑，缓和下气氛，大家若都能轻松一笑，那接下来就好办多了。

4. 思考是否还有其他原因。

询问顾客，除了认为价格有点贵之外，还有没有其他方面的问题。若顾客说其他方面都还好，就是价格贵了，那说明顾客对商品基本上还是认可的，还是有购买意向的，目前只是纠结于价格问题。若顾客说这里也有问题，那里也有问题，那就比较麻烦了，说明顾客还没有完全接受这件商品，即便价格的问题解决了，还有其他问题会继续影响顾客购买。

5. 解释价格的话术结构与用词。

顾客说价格贵，在对应的解释话术中，应先表示基本的理解。这里所指的理解，不是认同顾客所说的价格贵，而是对顾客的感觉和心理表示理解，例如："您认为这件商品的价格有点贵的心情我能理解。"

接下来，就要做一些解释。在表示完理解后，进行解释时，中间不能使用转折词，例如："您认为这件商品的价格有点贵的心情我能理解，但是，我们这个产品的优势是……"这句话里的"但是"就是个转折词，这个转折词的出现，会让顾客感觉到老板的话锋转移了，还是否定了自己。这就像领导找员工谈话时，说："你最近的整体表现还是不错的，但是……"这个"但是"一出口，员工马上就会想："完了，这肯定是要开始批评我了。"

对客人表示完理解后，在接下来的解释中，最好是用连词来作为中转承接，例如："您认为这件商品的价格有点贵的心情我能理解，那么，我给您解释一下……"

第七节 顾客说“过两天再来”

在接待过程中，常听到顾客说：“我过两天再来……”表面听来，顾客今天是不买了，也许过几天会再来看看。但是，稍有些经验的店老板都知道，实际上，这顾客可能再也不会来了。顾客说出这句话，也就意味着沟通失败，顾客即将离店而去。此时店老板难免有些失望，甚至还会把失望挂在脸上，接下来也就简单地圆个场，连送下顾客的心情都没有了。

其实，先别直接下定论，认为该顾客已经没有价值了。客观地分析一下，还是有挽回的机会。

顾客说“过两天再来”，这话其实没说死，没直接说“再也不来了”。在这句话的背后，可能有三种原因：

(1) 顾客真的是打算过两天再来，因为今天的确有事。尤其是顾客在接到一个电话后或在身边同行者提醒后说出这句话，这种可能性就很大，顾客接下来一定是有件什么事要办。若确实属于这种情况，顾客往往会解释一下原因，说明具体哪一天再来，并且离店的动作也很快，毕竟是真有事。请注意，顾客解释原因的时候，表情应该是很正常的，神态也很坦然——因为事情是真实发生的，自己也的确打算过几天再来，心里不发虚，表情自然正常。

(2) 顾客还是有购买意向的，但是对价格还是有些意见。这时故意说“过两天再来”，言下之意是还要再考虑下，或是打算这两天到别的店看看，以此来给店老板压力，让店老板给出更好的条件。如果顾客嘴巴说“过两天再来”，但话说出来之后，并没有要马上离店的动作，而是在等店老板的反应，那基本可以确定属于这种情况了。

（3）顾客基本已经确定不在这家店里买了。顾客觉得店老板接待了自己这么久，自己最终还是不买，有点不好意思，不忍心直接说不买，于是拿“过两天再来”作为借口，既给店老板一个面子，也给自己一个台阶下。

若是这种情况，顾客心里多少有点愧疚，往往会赞扬一下门店或是店老板的服务，并且是面带笑容的——当然，这个笑容也是配合语言装出来的。

无论是哪种情况，店老板都不应该直接放弃。顾客说要走，过两天再来，可千万别直接回应说：“那您慢走啊，欢迎下次再来。”那就等于把顾客直接往外赶了。

首先要进行判断，通过顾客说这话时的配套内容、表情和动作，初步判断出属于哪一种情况，然后迅速采取对应的挽回策略。

只要顾客在说出“过两天再来”这话之后不是立马就走，就说明还有机会。以下几点策略可轮流用上：

（1）店老板表示：“那我给您拿些资料、赠品、样品，这两天您有空的话可以看看。”然后请顾客稍等一下，自己去拿资料，稍微把顾客拖一下。只要顾客还愿意停留，等着拿资料和样品，就说明还有戏。

（2）把资料交给顾客后，店老板可主动告知：“这资料您先看看，若是有看不明白的地方，随时给我电话，这是我的名片。”同时，顺着这话再说下去：“另外，商品行情可能会有一些变化，这样，您留个联系方式，最近几天若是价格方面有什么变化，我好及时告诉您。”如果顾客肯留下联系方式，肯定是最好的了，后期可再跟进。当然，也会有顾客就顺着这个话题说道：“不如你今天就把价格给我放到位，免得大家夜长梦多。”这就直接说明顾客就是在等店老板给出优惠条件。

（3）店老板可与顾客再一次核对初步选定的商品型号，然后主动表示：“我帮您看下库存情况，看数量是否够。最近货走得比较快，有些品种厂家只生产这么多。”这句话也是间接暗示顾客：别再纠缠价格了，没准你选定的这款商品库存很快就没了。

（4）话说到这个份上，若是顾客还没走，而是继续与店老板进行沟通，那就赶紧给顾客一个台阶下。店老板可主动说：“本店刚开没多久，有些工作还没做到位，很多方面没能让您满意。您要是对我们店里的商品和服务有什么意见，还请您多提!”或者说：“我也是刚在这个地方开店，有些方面的情况还不熟悉，顾客接待工作还做得不够到位，也没什么套路（暗指其他门店的店老板用套路对付顾客)，还请您见谅啊!”

店老板主动说自己的门店或是自身有些问题，其实就是在顾客面前主动让了一步，防止是因为接待沟通工作不到位而使顾客不爽而不买。在说出这些话之后，若是顾客没反应，仍然坚持要走，或是很客气地回应说“都挺好的”，那就麻烦了，这个顾客估计是很难拉回来了。若是顾客能带着教训和指导的语气说出个一、二、三来，那是好事，说明顾客的确是有点意见。顾客若是把不满释放出来了，店老板要赶紧接上话：“您说得非常到位！顾客永远是我们店里的老师！您的确看出了很多我们自己看不出来的问题。我们的很多工作的确还做得不到位，今后一定加强学习，努力提升！这样，您的采购要求，在条件允许的范围内，我尽量满足。”

总而言之，顾客说“过两天再来”，并没把话说死，店老板不要放弃。不争取肯定是没机会，争取一下，再给顾客一个台阶下，完全可以把顾客过两天再来采购的计划提前到今天就给落实下来。

第八节 顾客说“我要去别家看看”

“我要去别家看看。”顾客说这句话，传递出什么信号呢？大概有以下几种：

1. 说明商品本身没什么问题，是他想要的，只是对价格或是优惠条件有点意见。

2. 可能是刚才接待的过程让顾客感到自己有些不被重视，所以提出要走，想让店家重视自己。

3. 给店家一个明确的信号：“我不满意！”

4. 顾客想让店家赶快挽留自己，或者是给自己一个台阶下。

5. 要店家有所妥协。

俗话说，“嫌货的才是买货的”，真正要走的顾客反而会很安静，只会说客气话，不会刻意说出“我要去别家看看”。

遇到顾客说“我要去别家看看”，千万不能用以下的说辞回应：

“那你去看看吧。”

“那我也没办法，已经是到底了。”

“你到哪家看都是一样的。”

“您别着急啊，再看看嘛！”

“欢迎下次光临！”

说这些，就真的会把顾客轰走了。既然顾客表示出不满，就应该顺接，主动承认自己没做好接待工作，或是话没说清楚。不管怎么样，先找个理由把人留住，再慢慢谈就是了。要想留人，要么转移顾客的注意力，要么增加服务，要么设法给个台阶让顾客下，让顾客不好意思走。参考话术有：

“抱歉啊，刚才是我没说清楚。这件商品的情况是这样的……”

“不好意思，刚才一直在忙着打电话/开票，也没给您详细介绍产品。”

“虽说是货比三家不吃亏，这也得要全面了解再比啊。我们这个产品还有个特殊的地方是别人家没有的，我来给您介绍一下。”

“来，我给您拿份产品资料，这样您对比起来会方便一点。您先坐，我来拿哈！”

“来来来，喝杯水再走！”

“外面太热/下雨，稍坐一下再走嘛！”

“您需要开专票吗？若是开普票的话，倒是可以优惠一点。”

“您这次打算买几个？多的话，价格咱们再商量。”

“其他颜色/款式可以吗？”

“您是今天就提货，还是可以过几天再提货？若是您不着急用，晚点提货的话，可以考虑按后期的活动价格给您。”

“您这是送人还是自己用？若是自用的话，有一件是包装外面有小划痕的，您若是不介意，我这就给您打个折。”

“您身边的熟人有类似的需求吗？您看能不能后期留意一下，帮本店推荐一下。当然了，今天我这先给您打个折，后期还得麻烦您给小店介绍点生意。”

第九节 抬货压人与压货抬人

店老板与顾客的沟通主要围绕两个方面来进行：一个是货，另一个是人。货，指的是顾客要买的货，或者说是店老板打算卖出去的货。而人，则指的是买方，即顾客。作为店老板，既要顾及货，又要顾及人。

传统的销售模式主要是抬货。所谓抬，就是想方设法说明自己的货有多好，列出各种优点，用上各种比喻、各种证明，总而言之，就是一再强调自己的货千好万好。按说，作为店老板，说自己的商品有多好也不为过，但是，过于强调商品本身的各种优点，也会引发一些问题：

1. 导致顾客产生逆反心理和抵触情绪——“你店老板越是说这产品有多好，我越是怀疑，越要找出一些毛病来，非要说这产品这里或是那里不好。”

2. 抬货抬到一定程度的时候，在顾客看来就是吹牛皮了。

3. 店老板强调自己的货有多好，其实也就是在直接或间接地宣称自己的店有多好，自己有多好。两个人面对面沟通，当一方强调自己有多好时，容易让对方有受压迫感，从而产生不快或是抵触情绪。

4. 过于强调商品，强调商品本身的优秀才是顾客选择该商品的原因，这意味着在一定程度上忽视了顾客本身的价值，否定了顾客的眼光和选择能力。

总而言之，过于抬货，夸赞商品，就容易压到人，压迫到顾客。因此，我们可考虑采取另外一种策略——压货抬人。

所谓压货抬人，就是店老板在向顾客介绍商品时，不刻意强调商品本身的优点，而是主动地抬顾客，称赞顾客有能力、有眼光。在介绍商品时，只是客观介绍，提供素材和依据，而不做出主观性的结论（如“我觉得这个东西很好”），让顾客自己做判断。

例如，有一家卖貂皮的商店来了位顾客，看中了店里一件昂贵的貂皮大衣，让店老板拿下来看看。店老板没有对顾客说这件貂皮大衣有多好，而是先夸奖顾客：“您真有眼光！这件大衣是本店的镇店货，一般人都看不出来，但您一眼就看中了，真是个行家！”顾客听到这话，顿时心花怒放，当场就买下了。

先抬下顾客，然后再来说说自己的商品。在介绍商品时，除了介绍要客观外，还可以适当压压自己的商品，故意说出一些非优势面的因素，例如“价格很贵”“很多人不知道这个牌子”“外形设计过于领先了，一般人接受不了”“使用和保养成本高”等。当然了，这些所谓的非优势面，在顾客眼里可能根本就不算问题：

“价格贵？咱不怕！”

“很多人不知道，可是我知道！”

“外形设计一般人接受不了？一般人有这个审美眼光吗？我就能接受！”

“使用和保养成本高？买得起车还怕加不起油？我不怕！”

这样的压，其实是一种反向抬货的策略，让顾客自己把货抬起来。顾客自己抬起来的，那自然是与自己的情况进行了对接，也就代表着更容易接受。

最后，总结一下，作为店老板，在这个问题上，关键要把握两点：

1. 顾客的价值是放在首位的，要先承认与肯定顾客，让顾客在个人心理上得到满足。

2. 店老板故意压一下商品本身的优势，让顾客自己主动去寻找该商品与自己的对接点，反而更容易接受。

第十节 顾客没说出来的话

很多成功人士对自己的成功之道守口如瓶，秘而不宣，表面上只说都是因为政策好、抓住了市场机遇、自己勤奋、有贵人相助等场面话，真正的原因只有自己知道，不能公开说的。

同样的道理，顾客进店之后，也不可能都会买东西，而那些没买东西的顾客，之所以没买，肯定是有原因的。要是顾客有所追问，顾客也许会给出一个不买的理由，不过，大都是能公开说出来的理由，例如“价格贵”“赠品太少”“今天没带钱”“型号、规格不符合”“我再去其他家看看”“回家等老婆大人的批准”“今天没时间，下次再说”……

作为店老板，每天都能听到不少这样的话。有相当一部分的店老板认为，顾客嘴巴说出来的原因，自然就是顾客没有购买的原因，接下来，也许会感叹现在生意不好做，也许会把气撒到上游供应商身上：“看看你们推荐的破产品，一点竞争力都没有……”

面对顾客所说出来的这些不买的理由，我们先来想想两个简单的问题：

1. 顾客说出来的这些不买的理由都是真的吗？

2. 顾客心里还有哪些没有说出来的话？

大多数顾客说话有两个特点：一是有话不直说；二是一般不说真话。若是真信了这些话，这生意自然不好做。退一步说，普通的店员信了这些话也就罢了，若是连店老板也信了，那这生意真是没法做了。

首先，顾客为什么不买，这肯定是有原因的，例如店老板并没有搞清楚顾客的实际需求，或是顾客还是没搞明白这件商品的主要特点是什么，又或是这件商品看起来与其他店里的类似商品差异不明显。其次，还有些原因是没法说出口的，例如：这个店老板长得太丑、态度太差、有口气、牙齿上有韭菜叶子，或是给人的感觉像个骗子；这家店看起来不那么地道，估计很快就要关门了；店里有股异味，似乎是垃圾桶里馊掉的早餐发出的；等等。这些想法顾客不便说出口，因此只能用些冠冕堂皇的理由脱身，也是给店老板一个台阶下。

店老板对顾客所说的话千万不能照单全收，信以为真。听到顾客说出不买的理由，首先想到的应该是："这些都是推脱之词。顾客一定是对我这个人、我的态度、我的专业、我的表达方式、我的表情、店里的整体氛围有意见，有不满的地方。"接下来应该马上进行全面分析，查找原因，有则改之，无则加勉。

继而开始分析：顾客心里还有哪些话是没说出来的？经过专业训练的店老板，可以通过对顾客前后所说的话进行对比发现矛盾所在，或是通过观察顾客面部的微表情及肢体的细微变化来判断顾客话语的真假，初步估算是否还有挽回的余地。

接下来对顾客说的话，就得有所针对了——不是针对从顾客嘴巴里说出来的理由，而是针对顾客心里没说出来的那些话。

站在管理的角度来看，进店顾客不买东西的理由，往往被店员用来作为业务不好做的理由，因此，店老板要有正确的面对态度和基本思路：

第一，自己不能照单全收，更不能以此来承认店员的业务难做。

第二，要主动询问店员，这些理由是顾客告诉他的，还是他自己猜测、分析出来的。

第三，再向店员说明，顾客说的这些话可能都是推脱之词，不要信以为真。

第四，即便都是真的，那这也是店里请员工来的根本目的所在，就是请他们来化解这些问题的。若店员只会把这些问题转交给老板，那么，店员的价值又在哪里？

第五，一个训练有素的店员，应该能分析出顾客心里那些没说出来的话，并采取有针对性的销售措施。

第十一节 一句话哄人开心

顾客买的不是商品，而是开心。

把顾客哄开心，是销售成交的前提。尤其是在自家商品与竞争对手的商品之间存在差距时，把顾客哄开心是一个有效的补救手段。

不过，顾客进店停留的时间短，不可能有太多的铺垫，因此导购语言就要精炼一些了，最好是一句话就能把顾客哄开心。这里举一些例子供参考：

1. 风雨天恭维顾客。

风大雨大，顾客进店前被雨淋，难免有几句牢骚话，导购在递上干纸巾时可说一句："贵人出门风雨多。"这句话恭维顾客是贵人，出门遇到风雨是正常的。

2. 怀孕加一人。

明显能看出来是孕妇的女顾客进店，在打招呼时要"加一人"，例如夫妻二人进店的，要说"欢迎三位光临"，把胎儿也算一位。

3. 抬高男性顾客的身份。

男性顾客进店时，故意把顾客的职业身份猜高一截，如男顾客较为强壮高大就猜问顾客是不是军官，男顾客较为文弱则猜问顾客是不是教授。

4. "我有点紧张"。

面对一些面相有些威严的顾客时，故意来这么一句："抱歉啊！我……我……我有点紧张。"顾客会问道："你紧张什么？"导购再回答："我这每天在店里见的人也不少，啥样的达官贵人也都见过，不知道为什么，一看见您，就觉得有点紧张。"这顾客一听，心里啥感觉？那肯定是爽啊！他心想："你看看，我这个气势，天生的官威，自带神仙气质，轻松碾压一般人啊！我早就感觉到了，我就不是一般人！"此时，顾客心情异常愉悦，不过表面上还是故作轻松平和："别紧张，别紧张，放松，我就一个普通老百姓嘛。"

5. 压货抬人。

顾客指着高端产品或是新产品向导购咨询产品情况时，导购千万别直接介绍产品如何如何，而是把产品放在一边（压货），先夸赞顾客这个人（抬人），例如对顾客说：

"您的眼光真好！"

"您真是懂行的！"

"这个产品一般人不认识，您真是见过大世面的！"

"能看中这个产品的，品位都不一般。"

"这可是我们店里的镇店之宝，一般人不敢选的。"

"这是刚出来的最新款，没几个人知道的。"

"您真会选，这个是我们店里性价比最高的商品。"

6. 逢人减寿。

现如今，你夸赞顾客是有钱人，是个土豪，顾客可不一定高兴，但若是夸赞顾客年轻，那顾客一定是开心的。所谓"逢人减寿"，即是故意把顾客的岁数说得小点，夸赞顾客年轻。当然，减岁数也得有个谱，一般来说，50 岁以上的，最多减 20 岁，50 岁以下的，最多减 10 岁。若是减得太多，就太假了。

对于年轻的女性顾客，有一种巧妙的减岁数的说法，就是直接问她："今年读大几了啊？哪个系啊？"女顾客听着能不开心吗？

7. 夸赞顾客的饰品。

顾客身上戴的饰品，诸如项链、手串等，没有商标，也很难直接看出价钱，最简单的办法就是加价，成千上万元地加。例如顾客的手串估计也就几百元的货色，但导购说出来得要上万元。说高了顾客是不会生气的，最多说一句："没那么贵，买着玩的。"若是说低了，把顾客几百元买的手串说得只值一百多元，那可就得罪人了。

还有些顾客戴着一些尺寸较大的饰品，例如大的挂件和手串之类，导购可捧一句：“这种大尺寸的一般人不敢戴，气场不够，压不住。”间接夸赞顾客不是一般人，气场非比寻常。

8. 夸赞顾客的孩子。

父母对自己的孩子总是高看一眼的，无论孩子本身条件如何，在父母眼中，都是日后定会成大业的经天纬地之才。尤其是那些只有几个月大的小宝宝，在父母眼中，未来更是有无限种可能。所以，对带着几个月大的小宝宝进店的顾客，导购更可放开了夸赞。

9. 突出顾客言语的价值。

顾客在选购时也会说一些自己的观点和心得，这时，导购要直接肯定顾客某句话的价值，例如对顾客说：

“您刚才这句话说得很对。”

“您这句话说到点子上了。”

“您这一句就抓到核心了。”

“没有深入研究是说不出这样的话来的。”

“非专业人士是不会这么看的。”

第十二节　苦笑的运用

销售的过程，就是店老板和顾客沟通的过程。沟通的质量决定了成交的概率。所谓的销售技术，实际上就是沟通技术。沟通有三个基本要素：

1. 沟通中所传递的信息。

2. 沟通的表达方式。

3. 对方的接收和反馈。

除了语言之外，肢体动作、表情、穿着、仪容仪表也都能传递信息，能被对方接收、理解并做出反馈。

站在顾客的角度看，最容易被识别和感受到的，不是语言，而是表情。有个词叫“相由心生”，意思是心里在想什么，脸上就会出现对应的表情。顾客要是一进门就看到店老板摆着一张苦瓜脸，估计立马就没购物兴趣了。稍有些经验的店老板都知道，和语言一样，这脸上的表情也是要控制的，在顾客进门的时候，要笑脸相迎。但是，有个情况却是被绝大多数店老板忽略的，那就是面部表情可能会失控。人可以控制自己的脸部表情，做出微笑、严肃、悲伤等表情，但是，这种主动控制一般都是一次性指令，也就是说，在做出相应的表情之后，一般只能维持大约20秒，20秒之后，就会进入无意识状态，此时表情会随着当事人的情绪而出现对应的变化，但本人并不知晓，还以为表情没有变。顾客刚进门的时候，店老板肯定会笑脸相迎，但这笑脸一般20秒之后就没了，接下来将进入无意识状态，也就是失控状态，这就存在因表情不当而得罪顾客的可能。所以，在与顾客沟通的过程中，不但要控制语言，还要保持、控制或是主动运用表情。

这里，给大家介绍一种表情在沟通中的运用，这种表情就是“苦笑”。

在销售过程中，有种情况是很常见的，即顾客会提出一些过高的要求。如顾客在价格、赠品、开发票、送货、退货保障、服务等方面提出过分的要求，的确无法答应，但还是得给顾客一个回复或者解释。

若是直接回绝，那肯定不行。一点面子都不给，那就直接把顾客给得罪了，如果再加上语气和措辞生硬的话，那么这个顾客是跑定了。

若是急忙说出一大堆不能答应的理由，也很难起作用。顾客可能根本不理睬，坚持己见："我不管那么多，反正你就给我一句痛快话，行还是不行?"也可能认为还有商量的余地，又找出一堆理由来，如："我是你们的老顾客了，以前照顾了你们很多生意。接下来我还会介绍其他人来你们店里的，总要有点特别优惠给我嘛。"这些话都会让店老板没法有效承接和回应。

这里，我们先来分析一下顾客的心理。一般来说，顾客明明知道店里标定的优惠，也从店老板那里得知了优惠的最大限度，但还是坚持要拿到更多的优惠，是出于试探心理。顾客心想："反正提要求又没成本，就试着争取一下，店家能答应最好，不答应我也没什么损失。"不过，要是店老板冰冷生硬地拒绝，顾客就会马上不高兴了，心想："这就是不给我面子，完全不重视我！不行，今儿这优惠我还非得要了，不给我就不买了！"这情绪一下子就对立起来了。若是店老板给出一大堆解释，顾客又会认为这里面肯定还是有商量的余地，心想："要是实在不能给，店老板肯定就直接回绝了，没必要解释这么多啊。"

这时，可以考虑运用"苦笑"这一表情语言——在听完顾客提出的过高条件后，先不说话，而是苦笑一下。苦笑表示什么？自嘲，实在为难，实在无奈，有心无力。

这个苦笑会传递给顾客一个信息：人家实在没办法，人家真的很为难，但人家没直说，不直接拿话顶回来，也算是给自己留了面子。如此一来，就缓解了顾客有可能出现的对立情绪。顾客心情也就缓和了，开始调整对优惠的预期了，开始给自己找安慰了："没有就算了，没必要卡在这没完没了。"

店老板在苦笑之后，就别再过多解释了，赶紧说些软话，一方面是给顾客一个台阶下，另一方面是要赶紧转移顾客的注意力。例如对顾客说：

“早点带回家，早点享受啦!”

“您对提货时间有要求吗?”

“我先看下库存，看您要的这款还有没有货了。”

“我去给您挑一个新包装的。”

“这样，我给您争取一个别的优惠条件。”

第五章 经营策略

本章核心内容点：

做生意是有策略的引导行为，要围绕着顾客的感知、感受做出对应的工作安排，有刻意为之，有策略导入，有资源整合，有持续创新。要确保领先竞争对手，实现从竞争对手的碗里抢饭吃。

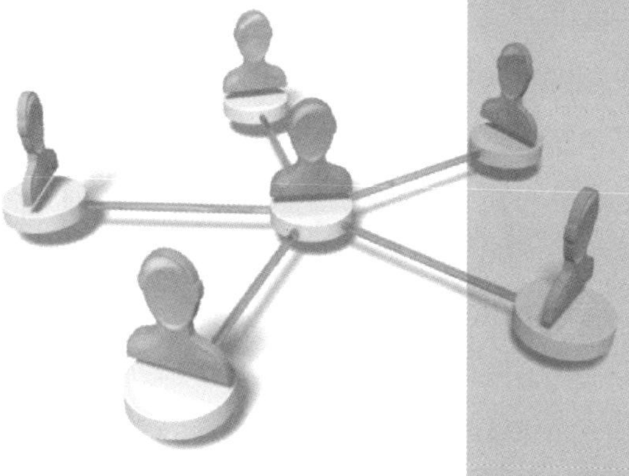

第一节 店外客流与广告宣传

每个店老板都希望从店门前路过的行人都能进店购物，为了吸引行人进店，宣传手段是层出不穷：大店招、LED 字幕、海报、花车、X 展架等一应俱全，恨不得摆满人行道；音响震天响；促销员工站在店门口，恨不得把行人直接往店里拉。

但是，对行人而言，从知道这家店到进店购物，也许需要一个漫长的过程。可能路过时注意到有这家店，也可能路过时根本就没留意到有这家店，或是看一眼之后就忘了。

从运营的角度来看，顾客在进店之前，先得要对门店有个基本的印象，若是留下好印象，后期进店的可能性就大大增加，有可能成为门店的未来顾客。储备的未来顾客加上当前的回头顾客，是门店生意持续发展的保障。这个道理店老板也是懂的，之所以在店门口做这么多广告宣传，不就是想给路过的行人留个好印象，今天不来明天来嘛。

道理很简单，但执行起来就涉及很多细节了。具体要在店门口做哪些广告宣传，并不是多多益善，而是要根据店门口客流的类型来决定。针对不同的客流，广告宣传的内容是有所不同的。

我们可以把店门口的客流划分为两种类型：一种是固定重复客流，即行人的家在附近，或是经常去的消费场所在附近，又或是在附近上班、上学。这类人会在一个较长的时间段内重复经过店门口。例如家住附近的，每天都要从店门口经过两次。另一种是一次性过路客流，即行人不过是临时路过，例如车站、码头的行人，偶尔到附近某个单位办事的人，这类人后期再路过的可能性很低。

对于固定重复客流，店家的广告宣传以培养他们对门店的记忆点和正面印象为主，店门口的广告宣传应重点释放以下信息：

（1）本店的经营历史。

（2）产品知识。

（3）门店的专业度。

（4）产品的售后服务。

（5）产品供应信息或是产品升级信息。

目的是带给行人以下印象：

（1）这里有家什么店，是卖什么的。

（2）这家店看起来经营了不少年了，挺稳定的。

（3）这家店一直是处于活跃状态的，不断地推陈出新。

（4）这家店的专业度不错，是行家。

一旦这几个印象在顾客心中建立起来，就形成了正面的记忆点，今后在他们产生需求时，会直接想到门店，有进店选购的意向，或是会把门店推荐给身边有需要的人。做广告宣传，不强求行人进店购买，只要能给他们留下记忆点就行了。

至于那些一次性过路客流，他们今天路过店门口，下次再来恐怕得 10 年后了，甚至是这辈子都不会再来了。面对他们，就得要抓住当前的销售机会，要引发他们当下就产生需求，设法吸引他们进店。那么，在店门口就要释放如下的广告信息了：

（1）强调今天才有特价和赠品（仅此一天，过时不候）。

（2）新产品的推广活动。

（3）提醒行人当前处于换季时节或是某类安全事故频发，可以考虑购置或是升级某类产品。

（4）通过某类新、奇、特产品或是特价产品（5 角钱的名牌电池，1 元钱的可乐，10 元钱的名牌洗发水）来直接吸引行人进店。

当然，以上两种客流通常是并存的，只是所占比重不同。作为店老板，想搞清楚自己店门口客流的类型及所占比重应该不难。若是想做长久生意，就得根据不同类型客流的占比情况，有区别地制定广告宣传的主题。

第二节　早晨开门后的首单生意

一年之计在于春，一天之计在于晨。早晨开门营业，无论是老板还是店员，自然都想取得“开门红”，一天的生意能够顺顺利利。

于是，每天早晨开门后的第一单生意就显得尤为重要了。这首单生意，能有多少交易额是次要的，能赚多少钱也是次要的，主要图个顺风顺水、开张大吉的好意头，让大家对今天的生意有个积极的预期，调动大家的工作情绪。

当然，店里的首单生意并不是可控的，谁也没法保证店里进来的第一个顾客是个什么样的人——也许会爽快购买，也许会纠缠扯皮，也许是来退货、投诉的。首个顾客并不一定会带来首单生意，也可能会带来一些负面的东西，惹得大家一整天的情绪都不好。

作为店老板，在早晨开门后的首单生意上，不能完全靠碰运气，得主动导入一些策略，尽量确保首单生意顺利做成，顺利发市，调动起众店员的工作情绪。有几个策略可以考虑导入运用：

1. 老板亲自接待。

谁也不知道这首个顾客是个什么样的人，安全起见，最好是老板亲自出面接待，毕竟，老板的心理承受能力和现场调解能力要好一些。万一首个顾客压根不买东西，或是来找事扯皮的，店员接待、处理不当的话，会直接影响店员的心情，而老板来接待的话，即便出了问题，也能阻隔负面信息，避免影响店员情绪，或者把负面信息转化为正面信息传递给店员：“这个顾客说要回去考虑一下，明天再过来。他购买的可能性很大。”

如果首个顾客的态度不错，购买意向较强，成交把握大，则可把这个顾客转交给店员，让店员做成首单，这样更能调动店员的情绪。

2. 增加配件或小件商品的销售。

前面说了，首单生意的交易额大小不重要，利润也不重要，图的是吉利。有些专做名品的门店，店里的商品单价普遍较高，顾客往往要反复看几次才会决定下单。既然高价商品会让顾客难以迅速做出决定，那么可考虑在店里增加一些价格低廉的配件或小件商品，如打火机、湿纸巾、饮料之类，在看到大件商品成交无望时，可转向引导顾客选购一些小件商品，先开个张，讨个彩头再说。

3. 东西送出去，希望送出去。

首个顾客能直接下单购买自然是最好，若这个顾客只是进店来看看，连小件商品也不买，那老板也好，店员也好，多少都会有点不爽。不过，既然首单生意的主要价值是激励店员的士气，那不如给将来的生意制造点机会和希望。若进店的首个顾客确实没有任何购买意向，可送点东西给顾客，如产品宣传单、价格单之类。送点东西出去，增加顾客下次来店的机会，也等于送点希望出去。也可以把发送促销信息的工作安排在早晨进行，看着一条条宣传信息发出去，员工的信心也会受到鼓舞。

4. 主动向顾客释放首单信息。

首个顾客进店后，若表现出有购买意向，店家应主动向顾客释放信息：“您是今早店里的第一位顾客。”有些顾客也知道，店家做生意总喜欢图个开张顺利，对首单生意的利润看得不重，因此现在是个买东西的好机会。通过释放首单信息来促使顾客购买。

5. 时间预约上的安排。

有些顾客会提前与店里约时间，来店里处理一些事情，如退货、换货等，这些事情也是门店的常见事务。但是，若是店里早晨一开门就来了个退换货的，估计店老板和店员的心情都不会好。

所以，对于这些要来退换货的，或是过来办理非业务类事务的，尤其是来结账收钱的，预约时不要把时间定在早晨。

6. 不买的顾客走后。

小型店不是大卖场，进店的客流有限，同一时间可能就只有一个顾客在店里，这顾客若是不买，转身出店后，并不会马上有新的顾客进店，店里顿时就会变得有些空荡荡的，连带着店员的心里也会有些空落感。那么，在不买的顾客走后，店老板可考虑马上安排一些事情让店员去做，如贴海报、填单据什么的，及时转移店员的注意力，避免店员对顾客没购买耿耿于怀，影响情绪。或者，在顾客离店后，打开店里的音响播放音乐，音乐能够“填充”空荡荡的现场，并能转移店员的注意力，在一定程度上舒缓店员的情绪。

第三节　抓住回头客就是最好的商业模式

当老板最忌脑子乱，而老板的脑子往往是被别人搞乱的。

市场变化快，竞争加剧且超出老板的预想，老板便觉得这生意不好做。但除了发牢骚之外，还是得寻求解决办法。现在大师很多，专家更多，高人们多了，高论自然也就多了，各种新颖的营销理论层出不穷。不过，各种高论不一定起作用，不是不好，而是老板的脑子不够用，玩不转。所以，有时候也可回头看看，别一味追求先进的营销方案，可以把一些基础的运营理论翻出来，重新梳理、完善升级，照样好用。其中最有价值的就是老生常谈的回头客理论：把回头客的生意做好，就是最好的商业模式。

回头客有三种：

1. 以前来买过东西的顾客。

2. 曾经来看过的顾客，有联系过，这次又来了。

3. 以前来过的顾客，给店里介绍了其他新顾客。

顾客进了店，不管买不买东西，只要有沟通交流，只要还能联系上，就有机会发展成回头客。再有，顾客不是"一次性"的，即便顾客本身对某件商品的需求只有一次，但向其推荐其他商品的空间还是很广的。

要想把顾客发展成回头客，有三个基本前提：

1. 建立关系。

顾客进店后，店家的首要工作不是推销产品，而是建立关系。通过打招呼、沟通来初步了解顾客的采购背景，交流商品的功能与使用，做初步的接待工作，向顾客进行自我介绍，与顾客建立起关系。经过这一步骤，双方便从完全陌生变成相互认识，并互相有了初步了解。

2．赢得好感。

建立关系只是双方认识了一下，接下来，要在这个基础上做提升。通过精细化接待，用热情的态度、专业的知识往深层次挖掘和引导顾客需求，同时把部分增值服务前置，让顾客对门店产生好感，使自家店有别于其他同类门店。

只有顾客对门店产生了好感，才能较为轻松地拿到顾客的联系方式，才有后续跟进的机会。

3．有跟进。

顾客即便今天不买，以后也可能还会来；即便自己不买，也可能会介绍其他人来。当然了，前提是要保持跟进。千万别指望顾客会记得你，一定要主动在顾客面前刷存在感。

跟进要有理由，要有频率，要采用多种跟进方式（电话、短信、微信、电邮、快递等）的组合。

建立关系，让顾客产生好感，再跟进维护，就基本把顾客维持住了，但要最终转化成回头客，就需要有促进因素来推动了，诸如：

1．前期购买的产品质量的确好，售后服务很到位，顾客很满意。

2．给顾客提供增值服务的工作做到位，甚至在顾客没买的情况下（传统的营销思维是顾客买了之后才能安排增值服务）也安排上，使顾客产生愧疚感，觉得过意不去，主观上愿意照顾店里的生意，或是乐于推荐。

道理讲起来简单，但大多数门店玩不转，究其原因，有以下几个障碍：

1．有意识没系统。

有维护老顾客、争取回头客的意识，但是没有明确的目标，没有规划，没有系统，也没有具体的办法，想到哪里搞到哪里。生意淡的时候，觉得要挖掘一下老顾客资源，等到生意好了，又觉得不需要了。

2．关系维护平台没管理好。

与顾客保持联系，是需要顾客档案以及通信工具（电话、微信号、电子邮箱）等作为基础的。有些门店在这方面的管理较为松散，没有完整的顾客档案，与顾客联系的通信工具也没有集中化，甚至是由店员用自己的私人通信工具来维护顾客，导致店员要么不管不问，要么就把这些顾客资源变成自己的私人资源了。

3. 预算不足。

维护老顾客是要花钱的，无论是服务还是给顾客的小礼物，都是要花钱的，但花这些钱都是为未来生意做投入。但有些店老板不愿意花钱做投入，尤其是未来产出不确定的投入。

要想发展并维护好客户资源，让顾客成为回头客，再让回头客给介绍新顾客，有些工作还是得要做的：

1. 明确老顾客的价值。

老顾客就是回头客，基于对门店的信任，他们会持续采购，会带来大宗采购。向老顾客推荐新产品和高端产品的成功概率也较高。多发展一个老顾客，就多了一笔可持续的生意。

2. 划分类别。

老顾客也是要划分类别的，可简单划分成核心老顾客和普通老顾客。

3. 建立顾客档案。

详细记录顾客的相关信息，如姓名、性别、脾气、性格、口头禅、生日、所在单位、职务、联系方式、外貌特征等。不能只靠老板自己的脑子记录，而是要建立书面档案和电子档案，或是将重要信息标注在顾客微信的备注栏里，随时能调出来看。最好是在电子档案里设置关键词，方便对某个类别的顾客资料进行汇总或提取。

4. 设定预算。

这里的预算是指主动花在老顾客身上的钱，用于聚餐或是送礼，可按照老顾客的类别来设置。

5. 给予更高的接待服务标准。

老顾客进店或是订货时，可享受更高一级的服务。如老顾客进店时，直接把他常买的烟酒拿出来（有些老顾客很享受这种默契感），或者多沏上一杯茶，设老顾客专用茶杯，结算时给打折和抹掉零头，找零时给新钞，多送一件小赠品，没钱也可先把货拿走，有新产品出来时主动寄送些样品过去，不定期采购些时令鲜果、农产品送过去，组织聚餐，等等。

当然了，这些服务和投入也是在不断地提醒老顾客：

"您和普通顾客不一样，有特别的优待。"

"别忘了我的店。"

这会让老顾客产生一定的愧疚感，他们后期会通过采购来弥补。

6. 保持基本的互动。

最简单的办法，就是坚持给顾客的微信朋友圈点赞，或是支持顾客微信朋友圈发布的拉票活动，又或是基于顾客微信聊天中提到的痛点信息（孩子学习、身体毛病等），转发一些有针对性的参考信息。

7. 找好主动联系的理由。

有些时候需要主动联系顾客，或是主动给顾客发送消息，维持关系。不过，在主动联系时，不要直接提及产品销售，那样很容易把顾客搞烦了。可用一些特定的联系理由。常见的理由见表 5－1。

表 5－1 主动联系客户的理由

理由类别	范例
节庆	元旦、春节、端午、国庆、五一
天气	气温突降突升，天气预告，防寒防暑小秘方，二十四节气
生活常识	生活类的小知识、小窍门
安全预警	安全方面的提醒
新闻类	重大新闻（千万别传播一些未经官方确认的消息）
生日	生日祝贺（前提是知道顾客的生日是哪天）
产品知识	产品使用小知识和注意要点
产品销售	新品上市，促销活动
活动邀请	特定主题活动的说明与邀请
日期提醒	今天是顾客距离首次来店的第 N 天或是 N 周年
积分提醒	积分告知，兑换提醒

第四节　小店卖新品

卖成熟的老产品不是本事，能卖新产品才是本事。

上游供应商总是在不断推荐新产品，虽然新产品看起来更好，利润空间也更大，配套资源给得也多，但真正能在门店活下来的着实不多。

事在人为，归根结底，问题还是出在店老板对待新产品的态度上——要么不想卖，要么不会卖。从发展进步的角度来说，是要保持产品结构的优化，不断推出新产品，不断扩大顾客群体，不断提升销售业绩，但有些小店的老板真把自己定位在“小老板”上了，觉得守着小店这点生意也就行了，不怎么想拓展业务。另外，推新产品比较费劲一些，话都得要多说几句，有些老板嫌麻烦，觉得还是卖老产品好一些，既简单又稳妥，不用费劲。

客观来说，卖成熟的老产品虽然省事，但老产品的价格透明度高，要么容易被比价，要么价格被其他商家做穿，毛利越来越低，老板的经营思想和销售技术也因为长期缺乏刺激和挑战而难以升级。

从经营的角度来说，店里的商品总是那几样的话，对顾客缺乏吸引力，如果他们想要尝试的新产品经常没货，那么很有可能没兴趣再进店了。

店老板要对新产品有正确的认知：

（1）生意只能迎难而上，遇到点困难就想退却，情况只会越来越糟糕，越来越与市场脱节，生意也就越来越难做。从发展的角度来说，要逼迫自己进步，不能懒，不能怕麻烦，不能躺在成熟大品牌身上吃现成的。

（2）新产品的价值不仅仅体现在利润方面，在帮助门店经营者提升销售技术、掌握新的产品知识、扩大顾客群体等方面都有价值产出。

（3）新产品和老产品不是一回事，老产品是“野生动物”，随便扔在一边都能活下来，而新产品则是“宠物”，得精心饲养才行。所以，引进新产品之后，千万别往货架上一放就不管不问，任由其自生自灭，那是不行的。

（4）从顾客的角度来说，广告媒体上刚出现新产品，店里马上就有货了，他们会觉得店家思维很活跃，跟得上形势，店里的商品在不断迭代，很会迎合年轻消费者的尝新心态。

想不想推新产品是观念问题，会不会推新产品则是技术问题了。在新产品到店之后，店老板应安排相关的工作：

1. 自己先尝试。

新产品究竟怎么样，店老板自己要先自己尝试一下：新酒、新饮料开一瓶，新烟拆一包，对比广告宣传中产品的卖点，看看哪些是真实的，哪些吹过头了。自己亲自品鉴过了，在推荐时说的话才更有说服力。

2. 推荐陈列位。

新产品刚来，给的地位要高一些，陈列位置也给安排得好一点，尽量摆放在醒目的地方，方便顾客看到、拿到。酒水、饮料要放在视线最佳的货架高度，排面给大一点，必要的话再加上一个外框，将新产品单独框出来。

有些店老板坚持要供应商支付陈列费用或是给资源，才愿意把新产品放到更好一点的位置，这样不好。若是店老板看好某样新产品，就不要强求供应商给予资源支持了。

3. 广宣品配套。

新产品躺在货架上不会说话，需要广宣品来代其发声。当然，在这方面，上游供应商都不会小气的，会提供各种海报、横幅、X 展架、产品模型、气模、旗帜等，可谓是应有尽有。店家可根据门店的场地情况，选择合适的广宣品，适当增加广宣品的摆放密度，释放新品信息，营造出主推新产品的销售氛围出来。

4. 光线配合。

店里商品多，顾客进店之后注意力不一定会聚焦在新产品上，这时，就要有一定的引导措施。例如将天花板射灯的光柱聚焦在新产品上，让顾客不由自主地顺着光柱去看新产品。

5. 附带销售。

在顾客购买其他商品的同时，店老板基于对顾客的观察判断（心情、购买能力、已购买商品的关联性）进行口头推荐。

6. 大客户直接送。

对于店里的大客户，就得要有些投入意识了，一有新产品出来就直接送，进店就送，或是主动快递过去，这样做虽然成本高一些，但后期的回报率往往也高。也可以在大客户采购时直接搭赠新品。

第五节　顾客的包

门店销售就三要素：

(1) 建立关系。

(2) 发现需求。

(3) 进行销售。

顾客进门了，得先建立关系。但是，这来的毕竟是陌生人，店员对顾客不了解，顾客对店员也不信任，这时就需要店员主动找出机会点，通过一些小事情，主动出击、主动沟通、主动建立关系，才能为发现需求和进行销售打好基础。

顾客走进店里，即便没开口说话，也能从其身上找到很多的信息点，例如走路的速度、穿着打扮、带的东西、带的孩子等。这里讲一点：如何把顾客的包作为机会点，与顾客建立关系。

1. 先观察。

(1) 看是否带包了。一般来说，女性顾客进店，带包的可能性比较大。

(2) 看包的大小。人的情绪可以影响行为。女性在情绪不佳时，所带的包往往较大，而在心情愉悦时则会选择相对较小的包。所以，包的大小也能折射出女性顾客的大概心情。

(3) 看包的新旧。从款式的新旧、磨损程度可以大致看出顾客的消费特性。

(4) 看包的伴随品。若是带包的同时还带有大大小小的购物袋，那说明今天是这位顾客的购物日。

(5) 看包上的吊牌。如果包上还有吊牌，说明这个包是今天刚买的，已迫不及待用起来了。

(6) 看包的牌子。这个就有点技术含量了。当然了，比较讲究的店已经开始给店员配发奢侈品识别手册了。

(7) 判断包的真假。这个技术含量就更高了。不过，要是能基本掌握的话，对顾客的把握自然会更精准。

2. 针对包的话术。

对包进行观察之后，就要针对这个包说点什么了：

(1) 提醒包上的拉链没拉好。这个最简单，直接说："您包上的拉链没拉好。"若顾客不方便自己拉上的话，店员可主动帮顾客拉好。

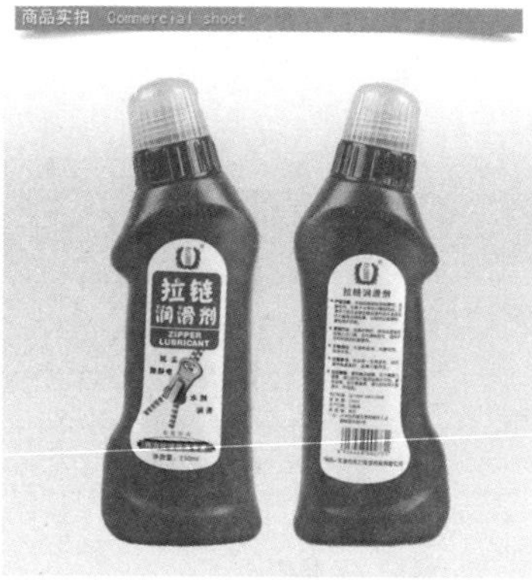

图 5-1 拉链润滑剂

(2) 提醒顾客背包的位置。在人流较多的地方，把包背在背后不安全，遇到这样的顾客时，可主动提醒一下，建议顾客把包放到胸前，确保安全。

(3) 夸赞。若是顾客相貌长得不错，穿的衣服也不错，可以说"这个包和您的衣服搭配起来真好看"，连包带人带衣服都夸了。如果顾客拿的是名牌包，而店员又能说出来是经典款还是最新款，那效果会更好。

3. 针对包的小增值服务。

包上的金属拉链也许会存在不顺畅的问题。看到顾客拉拉链不是很顺畅时，店员可主动提出店里有拉链专用润滑剂，可以帮顾客润滑一下拉链（见图 5—1）。

若是看到顾客包上有明显的污渍（尤其是提手部位），则可以主动表示店里有皮具专用的清洁护理剂，可帮其擦拭清洁一下（见图 5—2）。无论顾客愿意与否，这起码是个话题，可借此话题主动进行沟通，争取建立一点关系。

图 5-2 皮革清洁剂

第六节 转移顾客的注意力

再厉害的销售高手也不见得能应付所有的顾客；再齐全的销售话术，也无法解答顾客提出的所有问题；再完美的商品，也会碰上更加挑剔的顾客。

在销售工作中，不是所有问题都能被解决的。比如：在进行价格沟通的时候卡住了，双方都不肯让步；顾客索要更多的赠品没法给；顾客提出更高的服务要求无法答应；顾客喜欢的款式、颜色没货了；等等。这些问题本身可能是无解的，于是，有些店员干脆就直接回绝，甚至出现语言上的冷漠，诸如：“这是我们店里的规划，动不了。”“价格一分钱都不能降了。”“不可能的！”“没有！”“没货！”“对不起，做不到！没办法！”

还有一种情况，就是顾客和店员其中的某一方在情绪激动之下把话说过了，一时间无法收回，也就没法给对方台阶下，当场陷入一种较为尴尬的局面……

遇到顾客提出无解的问题或是尴尬冷场时，店员应该找回旋的余地或是软化处理，但这脑子反应过来和处理起来也是需要时间的，万一大脑的反应速度赶不上顾客耐心的消失速度，也就是顾客在提出问题后迟迟得不到有效的回复，那这买卖也就差不多快“黄”了。

那么，顾客提出无解的问题时究竟应该怎么办？不能直接回绝顾客，也没办法搁置，那只能是设法转移顾客的注意力了。

所谓转移顾客的注意力，就是在短时间内通过前期预设好的某个特定的话题，迅速将顾客的注意力转移到别的方面，在其他方面展开沟通，或是让顾客参与到其他的行为动作中，双方都暂时放下当前的无解问题，缓解下无解问题而导致的尴尬或是马上要降温的沟通气氛，待顾客的情绪缓和或是对商品价值有重新认识后，又或是店员利用这段时间想好了有效的应对办法之后，再转回到这个无解的问题上来。

店里要提前设定好相关的话题或行为动作，方便在与顾客的沟通陷入僵局时及时调用。可用的话题或行为动作举例如下：

1. 话题类。

（1）“您看窗外站着的那个人是您的熟人吗？他一直在看您。”

（2）“路边那台车是您的吗？一会交警要过来了。”

（3）询问与产品使用相关的配套条件。

（4）“您看这温度合适吗？空调温度您看要调一下吗?”

（5）“您这包在哪里买的？很别致啊。”

（6）“要不要给您换杯温水?”（看顾客一直没动眼前的冷水）

（7）“呀，好像要下大雨了。”

（8）询问顾客以前对类似产品的使用情况。

2. 动作行为类。

（1）给顾客倒杯水。

（2）给顾客拿本产品资料册过来。

（3）给顾客拿一件赠品过来。

（4）起身把店里的更多灯光打开。

（5）遥控打开店里的音响。

（6）递给顾客一个沙发靠垫，让顾客坐得更舒服些。

（7）递给顾客一个专业的检测仪器，让顾客亲自来检测产品的某项技术指标。

（8）让顾客先坐一下，表示要先去仓库看下库存够不够。

总而言之，要迅速切入一个与当前无解问题完全没关系的话题，或是导入一个行为动作，迅速将顾客的注意力转移到别的方面。这么做有三个作用：

（1）缓解当前即将陷入僵局的现场气氛。

（2）刻意制造新的机会点，使顾客对门店、对店员重新形成正面印象。

（3）争取时间，让店员有时间思考接下来该如何面对顾客所提出的无解问题。

这里有个细节是需要注意的：在做行为动作类的切入时，需要其他店员的配合。在主谈店员释放出某个特定信号后，在场的其他店员应迅速执行对应的动作，例如端茶递水、调整音响等。若是完全让主谈店员自己来做这些事情，难免显得有点不自然。

第七节　给顾客留台阶

很多人把面子看得比公司的规章制度重要，比钱重要，甚至比命都重要。想想看，我们辛苦赚来的钱，有多少是花在自己的面子上的?

钱财能丢，但面子不能丢。万一让顾客在店里丢了面子，那麻烦可就大了——轻则不买东西，愤然离去，重则当场与店员用肢体语言“切磋”一下。

当然，智商正常的店员都知道不能让顾客在店里丢了面子，但是，有些时候可能会无意中让顾客伤了面子。最为常见的就是没给顾客留台阶，让顾客下不了台。常见的情况有：

1. 没有对接顾客的炫耀信息。

有的人但凡有些炫耀的资本，是一定要炫耀出来的，不然就太难受了。所以，有些顾客进店时会刻意把车钥匙、名牌包、名牌太阳镜、名牌表之类能体现自己所谓“身份”的东西在店员面前晃一晃。还有的顾客不是拿东西出来显摆，而是通过语言来间接炫耀，例如说：“昨天在家搞清洁，忙了一下午才搞完一个客厅。”（暗示房子巨大无比）“明天我没空来，有个政府会议要去参加。”（暗示自己是政府会议的座上宾）。顾客之所以这么干，一方面是炫耀一下，释放一些信息出来；另一方面是希望营业人员能发现其中的“亮点”，然后对其进行夸赞。

若是顾客演了半天戏（奔驰车的车钥匙在手里都快摇断了），店员还是呆若木鸡没有任何反应，顾客自然会感觉很失落，认为这个店员心里完全没数，是个木头脑袋，一点情商都没有，于是气呼呼地掉头走人。

2. 顾客说大话时较真。

有的顾客是确实有实力能撑起面子，有的顾客则是硬装出来的。有些顾客会为了面子吹牛皮，说自己住在某个高档小区，用的都是某大牌商品等。顾客说这些话只是想抬高一下自己的身份，店员顺着说几句逢迎的话也就行了，可是有些一根筋的店员却总是抓住不放，竟然进行细节确认："您住在哪个高档小区的哪座楼啊?""您上次买的那个大牌商品是什么规格、什么价格的啊?"顾客顿时就傻眼了……

3. 争论谁是对的。

天天与商品打交道的店员，在商品的专业知识方面肯定要远超普通顾客，例如掌握商品的设计、原材料、工艺，竞品状况乃至行业未来发展趋势等，而普通顾客一般也就只有单方面的使用经验而已。

顾客在和店员就商品进行讨论时，可能会说出一些表层的分析（尺寸、颜色、价格等）甚至是一些错误的感官评定，从专业角度来说，说得不对，有些店员急于证明自己的专业和正确，就对顾客所说的话进行否定和批评，然后给顾客讲上一大堆理论。

从专业和理性的角度来说，店员是对的，但是，从人的感受角度来看，店员让顾客不爽了，这就不对了。你让顾客不爽，顾客就会让你的生意不爽。

因此，当顾客因为专业度不足而说出一些错话时，店员切忌当场进行纠正，能回避就回避。若顾客坚持要店员进行评说，店员也要含糊带过："在某些时间，对于某些型号，也许会有这样的情况……不过，我们店里到现在还没遇到过……"有点脑子的顾客听了后都知道不能再把大话说下去了。

4. 接顾客的硬话。

有时候，顾客一时说出来的话比较硬，例如："我到其他店里看看。""算了，不买了。"此时，店员可千万别顺着往下接，例如说："那好，你去其他店里看吧。""欢迎下次光临，再见!"那就直接把顾客给赶出去了。

有时候，顾客硬话刚说出口自己就后悔了，这时就需要店员主动给顾客一个台阶下。例如说："这样，也许是我刚才没说清楚，我把这个重点再给您解释一下。”或者说：“买不买没关系，我给您介绍下产品的基本情况，这样您以后选购的时候能掌握选购标尺。”

5．当顾客自身存在局限性的时候。

例如，顾客对店员所推荐的商品比较喜欢，但价格方面吃不消、买不起。这时，不能直接说：“给您介绍个便宜些的。”这样说等于影射顾客没钱。应该说：“还有一款您可考虑下，设计较为简约，性价比更高一些。”

有时候顾客也可能是因为预算有限，只能选择旧的款式，这时就别再跟顾客强调新款如何如何了，顾客也知道新款好，但价钱实在是超出了自己的预算。这时，对于顾客初步选定的旧款产品，店员可强调：“这是经典款，很多人不喜欢变来变去的，经典的东西耐看。”

6．当顾客下不了决心时。

这时就别紧逼顾客了，而是要主动松开一点，告诉顾客：“不着急，买东西就得货比三家，多看看，多了解，综合多方面因素再来做选择。”

7．顾客说在××地方更便宜。

这时别抬杠，也别追根问底，问顾客究竟是在什么时间、什么地点看到价格更便宜的。顾客的话很可能只是随口说说的，没必要较真。在对话时，干脆把话说到位，直接告诉顾客：“这世界上一切商品的最终成本都是零。”或者告诉顾客：“只要是正常的商品，就会有正常的价格，正常的商业利润。若是商家抛货，后期服务可能跟不上。如果是商家为回笼资金甩卖，那什么样的价格都是有可能的。”

8．顾客的信用卡里没有钱。

顾客刷卡时显示余额不够，别直接说“你这卡里没钱”，而是应该婉转地说：“这家银行今天的线路不稳定，您有其他银行卡吗？”

9．顾客过于独特的商品选择。

千万别用很奇怪的眼神看顾客，而是应该淡然一笑：“您果然是与众不同的。”

所谓善解人意，就是主动考虑到别人的难处，并且能顾及对方的面子。至少，要明确一点：顾客的所作所为都没有错，站在顾客的角度，他有充分的理由，是不能当场反驳的。有些时候，顾客所表达的东西与实际情况有出入，店员与顾客在观点上产生冲突时，务必不要当场辨是非、争对错，而是要留出足够的缓冲空间，在不直接否定顾客的同时给顾客一个台阶下，让顾客感觉到舒服，或者采取转移注意力、转移话题的办法，不在问题上纠缠。

第八节 引客进店

每天看着店门口穿梭的人群，店老板们一定在想："这些人要是都进店看看多好，哪怕不买，了解一下产品也好呀。"

这顾客进店是分两种情况的：一种是接触型进店，一种是选购型进店。所谓接触型进店，就是与门店（包括产品和店员）有基本的接触，对门店有了一定的初步印象，但只是进店看看，并不买东西。所谓选购型进店，就是采购目标较为明确，进店目的清晰，主要是来落实相关的成交细节。一般来说，接触型进店在先，选购型进店在后。这里建议各位店老板，别抱着那些不切实际的幻想，应更多考虑顾客的感受和选购习惯，把进店的顾客分类看待，并注意前后次序。

不同类型的顾客进店后，接待工作也有不同的方向。对于接触型进店顾客，主要是给顾客带来正面的感性认识，也就是给顾客留个好印象，不管顾客这次进店买不买东西，都要让顾客感觉到这家店不错，店里的人也不错，顾客以后有需求或是身边熟人有需求的时候，就会想起这家店来。对于门店来说，这也算是对潜在顾客的储备工作，而储备的潜在顾客数量越多，从中产生的实际成交机会也就越多。这里有一点需要说明：对于选购型进店顾客，接待工作的内容主要是介绍产品、强调优势、沟通价格等，通常不会涉及成交环节。那么，具体该如何对待呢？

接触型进店顾客是选购型进店顾客的前身，接触型进店顾客的前身是路边的行人。那么，怎么才能让路边的行人主动走进店里呢？

首先，在门店的商品配置中增加一些低价格、新颖别致的小件商品。空调专卖店里的空调几千元钱一台，没有明确需求的顾客一般很少会进店。

试想一下，若是空调专卖店里推出最多不过几十元的一些小东西，例如10元一瓶的空调消毒剂、20元一套的插头保护罩、30元一个的万能遥控器等，情况会如何呢？烟酒店可推出不同国家生产的一次性打火机，花色品种丰富，价格又不贵。化妆品店可推出平价的大品牌家化用品，如牙膏、洗衣液、洗发水等。

其次，推出各类便民服务项目，如代收快递、煤气表圈存、水电费代收等（见图5—3）。这些服务项目虽然利润微薄，但很能吸引路人进店。

图5-3　店内设置的快递收货架

总而言之，无论是销售低价商品，还是推出服务项目，目的都是将潜在顾客吸引进店，至于他们是否会购买这些低价商品，是否愿意接受赠送的礼品，都不重要，重要的是顾客走进店里了，感受到了店内的现场氛围，与店员有实质性接触，在双方的接触沟通过程中，能感受到店员的专业水平和良好素质，产生正面的印象，那就达到目的了。当然了，若是他们能再看看店里的主力商品，了解下情况，拿上几份商品资料或是几张店里的卡片，甚至留个电话什么的，那是最好不过了。

这里需要特别强调的是，对于接触型进店顾客，切忌直接向他们推销店里的商品，更别试图一次性达成交易，可别对他们说："来都来了，就买个××带回去吧。"就连低价商品的销售都不要强求，设置低价商品的目的本来就不是获利，而是吸引顾客进店。

第九节 收集竞争对手情报的几个简单办法

生意难做不是因为买东西的人少了，而是因为卖东西的人多了。有些时候，竞争对手可能与你的店只有一墙之隔，竞争自然在所难免。

这做生意，同行就是冤家，东家不倒，西家不发，因此，在进行具体的竞争策略设计之前，做好前期的情报搜集工作是非常有必要的。要了解对方的优点、缺点和特点，以便在后期的经营工作中做到回避对方的锋芒、精准攻击对方的缺点、建立和强化自己的特点，最终实施差异化的竞争策略。

情报搜集工作可不能直着来，犯法的事也不能干。下面介绍几个在合法范畴内的情报搜集办法：

1．模拟顾客现场搜集。

这是最简单、最直接的情报搜集办法。虽然许多门店外面都贴着“同行莫入，面斥不雅”的告示，应对起来却也简单，每次都找个生面孔去就是了。有些老板使用过这个办法，觉得效果不怎么样，搜集不了多少东西回来，那是因为前期的准备工作没做好。应该将具体要搜集的内容、项目确定清楚，把次序和理由设定好，还要使用相关的工具，例如录音设备和隐藏式摄像头等。

一般来说，可按表 5－2 中的内容来搜集基本信息。

表 5-2 基本信息搜集表

品牌背景	企业背景	发展历史	面市时间	产品定位
产品群状况	行业排名	年总产量	报价	成交价格
产品优点	产品特点	产品缺点	促销政策	主要针对者

2. 引导刺激信息搜集。

所谓引导刺激，就是故意向竞争对手的店员或老板强调自己曾经去过的店、接触过的产品，探测对方的反应，看对方如何评价或是攻击哪些店或产品。具体要搜集的内容可参考表 5-3。

表 5-3 引导刺激信息搜集表

攻击点	A 品牌	B 品牌	C 品牌
企业背景			
价格			
质量			
规格型号			
售后服务			
质量事故			
产品特点			

3. 设短期观察哨。

竞争对手的有些情况不是去一两次就能搞清楚的，需要连续观察才能搞明白。绝大多数门店的老板没办法安排人手来专盯一个竞争对手，不过，可考虑以市场调查公司的名义，找竞争对手隔壁或对门的某个门店的营业人员，付给其一些费用，请其代为搜集。可提前确定要搜集的内容，如进店客流数量、大概成交率、成交产品分布、未成交原因分析、店员的牢骚、所出现的顾客纠纷等，时间则限定在一两周或是一个月之内。

4. 以接门面的形式搜集。

以寻求门面转租为由与竞争对手的老板直接接触。目的有两个：一是探一探竞争对手的信心。若竞争对手生意不佳，往往会考虑将门店转手，那么他在介绍当中，会提及大量的门店营业情况。二是借机查看其库存状况、货物种类及进出货频率。

5. 通过竞争对手的上游合作伙伴搜集。

联系其上游合作伙伴，以新客户计划加盟为由，从侧面了解当前竞争对手的状况，尤其是当前竞争对手与上游合作伙伴的合作质量。

6. 利用短期工搜集。

若是亲朋好友有孩子在寒暑假中有短期打工计划的，可设法安排其孩子进入竞争对手的门店，搜集相关情报。

7. 通过附近的打印店搜集。

一般来说，门店内部的文件、宣传物料等往往都会就近制作，并且是提前制作，可以找到距离竞争对手最近的文印店，看看有没有惊喜。

8. 前往仓库搜集。

若竞争对手的规模较大，或是与有多家连锁门店，往往会有中央仓库或是与第三方物流公司合作，可以以租借仓库或是新客户合作的名义与其进行接触。仓库租赁方为了强调自己拥有服务某类行业客户的经验，往往会对同类客户（竞争对手）的相关货物信息情况进行介绍。

第六章 店务管理

本章核心内容点：

再小的生意也要『五脏俱全』，照样需要让前台经营、后台管理、内部管理和外部经营相互匹配，才能确保开源节流。小店的店务虽然简单，但要从一开始就导入管理意识和初级管理体系，为今后的管理持续化和规范化打下基础。

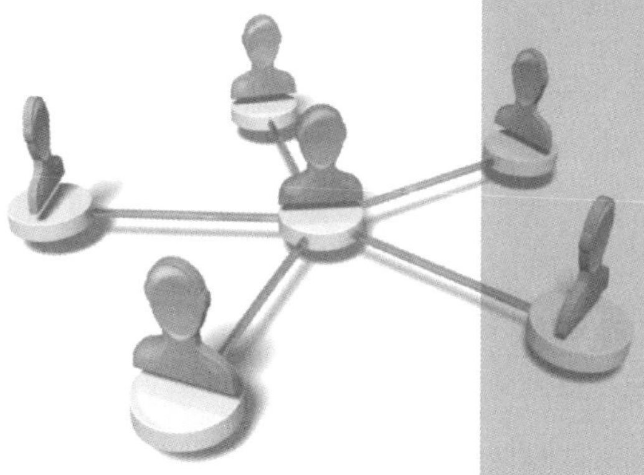

第一节 开新店之前的筹备工作

零售终端有三大发展趋势：一是高度集中化（类似于各类大型卖场），二是高度便利化（24 小时营业的便利店即是如此），三是高度专业化（指那种具备一定商品集中度和专业度的专卖店）。

这店开起来后，若是能顺畅地经营下去，赚钱自然也是指日可待的。但是，在商业领域，利润和风险是并存的。这开设新店，前期的固定投入较大，店租、装修、设备、备货等都需要不少的费用，并且会产生一定的固定经营成本，若开店之后不能很快转入赢利阶段，那马上就会面临持续亏损。事实上也确实如此，不少新店在开张之后迟迟不能转入赢利阶段，只好关店歇业，或者硬着头皮撑下去。

问题出在哪里？老板们也许能找出一堆的理由：经济环境不行，经营成本太高，竞争太激烈，当地的消费者消费能力差，当地的消费者消费习惯有问题，等等。其实这些都不是最主要的原因，主要原因是开店前的筹备工作没做好。许多开砸了的店都有一个共同的特点，那就是开店前的筹备期太短，筹备工作也很简单，老板压根就没怎么进行筹备就把店开起来了。

老板们之所以轻视筹备工作，原因有几种：有的老板认为自己已经在当地做了多年的生意，对当地市场了如指掌，不需要做什么筹备；有的老板认为，当前的时机很关键，要争分夺秒，抢时间、抓进度，没时间去搞筹备；有的老板认为筹备工作不是那么重要，可以先把店开起来，边运营边完善，学习、工作两不误；有的老板压根就没有筹备意识。

世界上没有包赚不赔的生意，几乎所有新生意的启动都伴随着一堆的风险和危机。况且，市场是一直在变的，老板不是先知，也无法准确预测明天的市场会发展成什么样，老板所掌握的经验和技术都是过去式的，不可能有效预测新问题和应对新问题。所以，要把每次开新门店都当成一次创业。既然是创业，那就得做好前期的筹备工作。若是事先没有做充分的筹备，一旦在经营中遇到问题，是很难有效解决的。许多老板在门店开起来之后遇到资金断档、管理失控、市场变化、合作方变故等情况，因为事先缺乏充足的考虑与筹备，因此只能干着急，或是四处求爷爷告奶奶，但结果往往是回天无力，眼睁睁看着自己开起来的门店陷入困境，最后只能抱怨命运不公，抱怨市场残酷。其实，这关命运什么事，关市场什么事？如果前期没有做充分的筹备，出现这些状况是非常正常的。

避免遇到上述问题的最好方式就是预防问题发生。怎么预防？简而言之，就是要早做准备，做充分的准备，没有把握前不要贸然动手。

那么，在开新店之前，具体要做哪些筹备工作呢？

1. 开展市场调查。

即便老板自己在当地市场经营多年，有着非常丰富的经验，也不可能全面洞察市场，毕竟市场是处于持续变化当中的，以前所掌握的那些经验，不一定能有效应对新市场、新问题。很多老板过于相信自己的眼光和判断力，甚至以为凭自己的经验就能够预测市场，动辄就“我以为”“我认为”，在商品选择、装修风格、活动形式等方面完全是以自己的想法作为决策依据，根本不会从消费者的角度看问题。

为了能够准确把握当前的市场状况，贴合消费者的需求，制定精准的营销策略，在开店之前，务必要进行市场调查。调查的内容基本集中在商品结构、价格策略、装修风格、广告促销活动的形式、服务标准、营销差异化等方面，再综合消费者的意见，调整开店策略及店面运营策略。

2. 选好店址。

店址的选择非常重要，并且风险系数也是最高的。这店址一旦选错，后期改变的成本是非常高昂的。在店址的选择上，一般要考虑三个方面的因素：一是当前环境，二是可变因素，三是综合成本。当前环境指的是人流量、客人群体类型、消费质量、周边环境等。可变因素是指竞争对手有没有可能跟随开店，店址附近会不会出现拆迁、修路、改道等情况，店面的出租方存在哪些可能的变化（例如涨价或是提前解约）。综合成本指店租及其他运营成本的综合。

3. 营业人员招聘。

这做生意，说到最后也就是人和人做生意，选择用什么样的人，这些人用什么样的态度和技术来与消费者打交道，也就成为门店运营中最核心的问题了。另外，这店址没有完美的，品牌没有完美的，装修没有完美的，当中所存在的缺憾，就得要靠营业人员来弥补了。有一点是需要各位老板记住的：从某种意义上来说，店里卖的不是品牌，不是产品，而是营业人员。

那么，合适的营业人员在哪里呢？了解一个人，或者培养一个人，都是需要时间的，若是随便招些人，或是边开店边招人，那风险就太高了。营业人员的招聘工作至少要提前半年开始。要提前半年进行人员斟选，完成前期接触、考察、初步确定、岗前培养、考核确定一系列流程，并且还得按照实际需要人数的两到三倍来进行准备。这里有个建议：与消费者直接打交道的营业人员，良好的服务意识和服务水准是最重要的素质，在目前各行业所有的岗位中，酒店服务人员的服务意识和服务水准是最好的，建议老板们考虑从酒店招聘有 3 年以上服务工作经历的员工作为营业人员。

4. 做好资金准备，计算出盈亏平衡点。

门店开张的前期肯定是要亏点的，因为这个时期产生的费用高而业务量少。这一时期俗称“白板期”。这个白板期有长有短，其长短很大程度上取决于老板的经营水平。有白板期不可怕，但最好提前计算一下白板期大概有多长，什么时候会达到盈亏平衡点，资金消耗量如何；所准备的资金有多少，正常情况下能撑到什么时候，最极端的情况下又能撑到什么时候。这样，也好有个心理准备，不至于在发生连续亏损后乱了阵脚，开始盲目地进行活动投入或是产生放弃的想法。

5. 制定内部管理制度和标准。

内部管理是经营的前提和基础。只有门店内部的人、事、物都处于有序的管理状态下，门店经营才能稳定和持续。内部管理的内容就三点：建立标准，确定流程，明确责、权、利。所谓标准，就是做事的标准。店里没有标准，那营业人员就会各自建一套标准，标准不统一，扯皮的事情马上就会多起来，而扯皮又会带来巨大的内耗。任何工作都有一定的流程，而流程是可以提前设计和确定的，经过优化的流程可以大幅提高员工的工作效率，提高能效比。若是在门店开始经营之后再来设计或是优化流程，就很容易出现矛盾和冲突，影响工作效率。明确责、权、利，也就是要制定相关的规章制度。制定规章制度的工作要提前半年开展，其间还要与员工进行商榷和讨论，在劳资双方都能接受的前提下对规章制度进行修改和完善。

6. 营销活动规划。

现在的门店经营早就脱离了守店等客的传统经营模式，主动式营销已经被越来越多的老板所采用。但是，很多门店的营销活动整体规划性较差，往往是想起来该搞些活动聚聚人气了，才急急忙忙临时整些活动出来，而且各活动之间也没有衔接性，难以持续吸引消费者。

从心态和设计思路的角度来说，在开店之前就进行营销活动设计是最好的。此时，门店还没多少成本压力，干扰老板的各类负面事件还没出现，老板还能从理性角度和客观角度看待市场，活动设计的质量自然要高很多，而且也容易以年为单位制定具有持续性的活动规划。

7. 制定事故预案。

这开门做生意，没有那么多的一帆风顺，总会有些麻烦事情冒出来，而等出了事之后再去想怎么应对就为时已晚了：第一，前期的损失怕是无法挽回了。第二，在出事后，老板也很难静下心来想出有效的应对策略。所以，在开店之前，就得设想门店经营中可能会出现的事故：顾客投诉怎么办，竞争对手突然采取有针对性的打压行动怎么办，产品出现质量事故怎么办，遇到火灾、失窃怎么办，店内出现极端事故时怎么办等，然后再来考虑如何防范事故发生，发生事故时该采取什么样的处理措施，如何才能把损失和影响降到最低……各类预防方案和应对解决策略最好能形成书面文件，要求员工学习熟知，防患于未然。

8. 建立自媒体平台。

取得营业执照之后，就要开始着手微信公众号、抖音号等自媒体平台的建设工作，并准备好要发布的内容。

第二节　小店对上游供应商的基本管理

小店的上游是各家供应商，双方平日里有各类钱货往来。出于效率和安全的考虑，对上游供应商也应该有些基本的管理。

1. 供应商的组成。

小店的货品，有的是厂家直接供货，有的是国企直供（烟草、盐业等），更多的是由当地的商贸公司（经销商）供货，另外还有小规模的个体户供货。

有些时候，大卖场做超低特价活动，货品售价比从上游进货还便宜，此时也可以将其作为进货渠道之一。

此外，电商也是个新的进货渠道。

2. 供应商的基本分类。

（1）核心供应商。主要商品的供应商，为店里提供“撑大头”的商品。

（2）常规供应商。一般性商品的供应商，这些一般性商品也可从其他渠道获取。

（3）新供应商。刚开始接洽的供应商，有些可直接向其进货，有些则先作为储备供应商。

（4）临时供应商。

3. 供应商档案的建立。

要给每家供应商都建立对应的档案，不能光靠老板自己的脑子记，并且要基于档案信息对供应商进行背景调查。档案内容包括：

（1）供应商的基本信息，如公司全称、地址、法人代表、税号、账号、联系方式等。

（2）供应商相关资质文件，如营业执照、卫生许可证、产品质检报告、厂家经销授权书等。

（3）供应商对接人的个人档案，如姓名、职务、性别、联系方式等。

（4）产品目录及价格表。

（5）退换货政策。

（6）结算方式（注意现金结算与账期结算的差别）。

4. 与各供应商的往来事务。

（1）订货方式（上门抄单、电话报单、网络下单、车销上门、订货会）。

（2）送货方式（送货时间、起送量、正常送货时限、能否接急单、能否代送）。

（3）结算方式。

（4）开票信息。

（5）费用及资源投入、进货奖励等。

（6）设备租赁押金。

（7）退换货。

（8）售后服务。

（9）货架提供。

（10）店招制作。

5. 安全管理。

对各类常见的安全事故应提前预防，并有基本应对预案。

（1）每家供应商都有倒闭的可能。

（2）大型供应商的高层人事变动会影响资源投入及前期约定的兑现。

（3）通过“天眼查”或是“企查查”等渠道进行供应商背景调查。

（4）通过同行了解新供应商的实际合作情况，尤其是涉及设备押金的合作。

（5）供应商业务员说的话不一定代表其所在公司的意见，也许只是其个人行为。

（6）要求所有供应商的业务人员提供其所在公司的通信录，便于直接联系其所在公司。

（7）供应商的业务人员基于下单或是回款所说出的各种许诺，有可能是其个人随口开出的空头支票，需要向其所在公司核实。

（8）供应商的业务人员突然离职是很常见的，前面的业务人员答应的事情，后面的业务人员很有可能不认账，所以，相关事务往来最好留下带有供应商公章的书面凭证。

（9）供应商的业务人员突然急于做结算，有可能是想卷款跑路。

（10）如果供应商的业务人员以公司货款还未做结算为由，进行借货或是直接借款，那么要当心了。

（11）供应商的业务人员所推销的产品不一定是其所在公司生产的，有可能是该业务人员私人经销的商品。

（12）如果供应商针对某类产品推出了超出常规的进货奖励政策，或是声称常规产品进货量达到一定额度后给予超高的奖励政策（后期兑现），那么就要特别当心了，很可能是这个产品带给上游的利润很高，或者是产品本身有问题，又或者是供应商隐瞒了不利于我方的相关信息。

第三节　店里那些看不见的损耗

损耗也是成本，是利润的杀手。产生损耗是每位老板都不愿意看到但又不得不面对、不接受的一个现实。损耗会一点点侵蚀掉来之不易的利润。产生过多的损耗是管理无能的体现。

门店在每天的运营过程中都会产生许多看得见和看不见的损耗。这看得见的损耗，老板们会马上发现并迅速处理，麻烦的是，许多损耗是看不见的。那么，具体又有哪些损耗是看不见的呢？

1．水电损耗。

晚上下班之后，空调、饮水机、电脑等用电设备忘记关了，整夜运行，浪费掉的电是不是损耗？水龙头一直在滴水，一年到头这么滴下来，浪费掉的水是不是损耗？

2．库存控制不到位导致的损耗。

因为缺乏销售统计与预测，没有给各类产品的库存设定安全值，采取拍脑袋式的进货方式，或是在订货会上被激情澎湃的销售代表忽悠，进货数量过大，这些都会导致销售周期变长，货物积压严重，最终导致资金周转困难，产生过多的利息成本。又或者是订货量过低，出现缺货后又去紧急调货，从而增加了进货成本。

3．补货不及时导致的销量损失。

4．店门口区域未纳入清洁整顿的范围导致的顾客流失。

店内收拾得干干净净，店门口的路面却是尘土飞扬、垃圾遍地，这会让路过的行人加速通过，其进店购买的概率大大降低。

5．对店内的灯光、音响配置缺乏深入考虑，导致顾客留店时间过短。

昏暗的灯光、亮一半熄一半的灯箱、不合时宜的背景音乐等都会降低门店在顾客心中的形象分，缩短顾客在店内停留的时间。

6. 店员的职业技能不足导致的销量缩水。

店员难以发掘顾客的更多购买需求，使得顾客的购买清单大大缩水，损失了应得的销量。或是为了图省事，只是简单迎合顾客的“便宜观”，把销售重点放在那些便宜但毛利低的产品上，即便是想卖那些货价高但毛利也高的高端产品，也因缺乏相关的销售技术而难以说服顾客。

7. 老板的管理水平不到位导致店员服务态度不佳，赶走顾客。

如果店员对收入不满或是对老板产生抱怨情绪，那么在接待顾客时就会缺乏热情，对待顾客的态度冷淡生硬，直接降低顾客的购买欲望，使顾客放弃购买计划。

8. 新进店员缺乏足够的岗前培训导致的业绩差。

新进的店员未经岗前培训就直接上班，销售技术生疏、产品专业知识缺乏，不但难以产出业绩，而且会让顾客对门店留下负面印象。

有的损耗看起来不大，但是积少成多，累积起来也不是个小数，这将直接导致经营成本上升，影响净得利润。做生意不但要注重开源，也得要考虑节流，减少损耗也就等于挣到了利润。

作为门店的经营者，店老板首先要树立关注小损耗的意识，别因为损耗小就不去理会。严格来说，生意上的事情没有什么所谓的大事情，任何的大事情都是由一堆的小事情所组成的，把众多小事情解决好，就是解决了一件大事情。很多小损耗是看不见的，如果不建立起对小损耗的关注，那么哪怕这些小损耗天天都在自己的眼皮子底下发生，店老板也不会察觉。所以，店老板要带头关注这些小损耗，还要发动店员一起来关注，把导致小损耗产生的问题一个一个揪出来并解决掉。

先把问题找出来，然后再进行类别划分。损耗的产生，有的是因为硬件缺失，有的是因为体系有缺陷，有的则是因为老板的管理水平差。

水电的损耗，可以通过增加管理设备的方法来解决：在电源插头上安装定时控制器，每天晚上 9 点之后自动切断电源；及时更换有问题的水龙头或是安装节水阀；店里的灯光设备每日检查，一有损坏及时更换，不能为了节约一两个灯管的钱而影响门店形象。

在日常运营管理中，尽可能通过统计、规划、量化等管理工具来进行辅助管理，从而逐步降低损耗。例如对每天的销售数据进行分类统计（不是简单地记流水账），分析出主要单品的销售规律，从而确定安全库存量，再有针对性地下订单，避免因为货物太多或是太少而对资金周转和销量产生影响。

不过，最大的损耗还是人造成的——店员的职业技能不足和工作态度不佳，轻则影响销量，重则得罪顾客、损害门店的名誉。若员工有足够的主观能动性，则可以发现老板和系统没关注到的小损耗，并弥补体系流程中的空白点；若店员产生抱怨和消极情绪，则会破坏严密的管理流程，人为地制造损耗。店员积极还是消极，主要的影响因素是老板，老板的管理心态和管理水平是问题背后的问题。

第四节 门店的事故预案

开店的老板肯定不想惹事情，但是，你不找事，事自己会找你。这么说吧，每天一开门，你都不知道今天这店里会进来什么人，会发生什么事情（事故），万一出了事，就得要面对，要解决，处理不当的话，除了会影响生意之外，还会耗费大量的时间和精力，影响店员的情绪。若是能有效预防，或是提前制定好应对各类事故的措施，则能有效提升处理事故的效率，减少各类事故带来的损失。

首先要明确开店做生意究竟会遇到哪些意外或事故。各类意外或事故的基本类别划分如下：

1. 自然灾害类。

（1）洪水。

（2）暴风雨。

（3）极端冰雪天气。

（4）地震。

（5）危险动物进店。

（6）天突然黑了。

2. 社会事件类。

（1）游行队伍堵住门。

（2）道路临时封闭。

（3）店门口进行地下管道施工。

（4）大人物来视察，需要清场。

（5）马路上的车失控冲到店里。

（6）发生某类引起围观的事件，导致大量不明真相的群众围堵在门口。

3. 人为类。

（1）顾客用假钱。

（2）顾客恶意退货。

（3）顾客吵架。

（4）顾客在店里发病。

（5）店里冲进来一个疯子。

（6）要饭的乞丐天天来。

（7）公共安全专家在店里抓人。

（8）极端顾客在店门口头扎白布喊冤。

（9）未提前告知的突击检查。

（10）顾客带进来一个熊孩子。

（11）有贼进店。

（12）竞争对手派人进店做调查。

4. 水、电、火类。

（1）停电。

（2）停水。

（3）楼上漏水，水滴到店里。

（4）店内的弱电系统出现问题。

（5）店里失火。

（6）隔壁失火。

5. 设备故障类。

（1）店里的货架倒了。

（2）电脑故障，资料丢失。

（3）POS 设备断线。

（4）发票打印机故障。

（5）收银机扫描枪故障。

（6）店招牌掉下来，砸到路人。

（7）店里的天花板塌下来了。

生活往往比戏剧更精彩，在实际的营业工作中，什么样稀奇古怪的事情都有可能发生，这里所列的只是一部分而已，各位老板可在此基础上自行补充增加。

这些事情一旦出现，是必须要解决的，因此店里很有必要建立一套针对各类意外或事故发生的解决机制：可以预防的就做好预防，消除事故隐患；无法预防的，则建立一个较为完整的处理应对措施，不至于在意外或事故发生后手足无措。建立解决机制的流程如下：

1. 收集问题。

参照上述的意外或事故分类，先把各类容易出现的问题收集起来，再按照类别进行划分。可展开想象力提出问题，越多越好。

2. 收集、设计解决方案。

以问题分类列表为基础，收集、设计出对应的预防或解决方案。这个活可不光是老板一个人的事情，需要发动店里的所有人，大家集思广益，根据各自的亲身经验或是所见所闻，以及通过向同行打听、查阅书籍或是网络查找等方式进行发掘，多多益善。

3. 形成文字记录。

收集起来的方案要形成文字记录，做成《事故应对预案手册》，便于员工学习与掌握。

4. 持续增补内容。

《事故应对预案手册》需要持续完善，毕竟，看到的、听到的各类事故会越来越多，收集或是设计出来的预防、解决方案也会同步增加，需要及时地把新的方案收录进《事故应对预案手册》中。考虑到内容会不断增加，手册可做成活页的形式，方便添加纸张。总之，这个手册应该是“活”的，而且应该是越来越厚才对。

5. 保持学习。

除了新进员工要学习外，店里的老员工也要定期翻阅《事故应对预案手册》，温故知新。

6. 运用与增补。

在事故发生后，员工可及时将手册拿出，对照相关流程有条不紊地进行处理，事后可将处理情况作为实际案例增补进手册。日积月累，这本手册将成为店里重要的技术财富。

《事故应对预案手册》的建立会在很大程度上让员工对各类事故的发生不再有恐惧、慌乱、回避或是指望、等待的心态，能够妥善处理各种突发事故，保障门店的正常经营。

第五节 小型零售店的营业日志

店里每天的营业情况都应该记录下来，哪怕是记个简单的流水账。

但总有些店老板对此不以为然，认为反正自己是老板，又不需要向领导汇报，赚多赚少都是自己的，肉即便烂了也是烂在自己锅里，没必要记那么清楚，账记得再清楚也没用，又不能提升销售额。

这种想法很不正确。建立营业日志，对生意还是有极大帮助的，诸如：

（1）避免因为忘事而损失生意（例如忘记提前订货），或是得罪顾客（搞错了顾客预订的商品种类）。

（2）记录老客户的基本信息，方便维护与老客户的关系。

（3）进行基本的生意分析，如产品动销情况、进店人数、成交率等。

门店营业日志要先自己做，过一段时间后再让店员接手做，若不然，容易让店员误以为这个日志是针对自己的，是老板不相信自己才弄的。

执行起来也比较简单，就是弄个本子，保持随手记录的习惯。

那么，这门店的营业日志具体要记录哪些内容呢？常规项目如下，各人可按需选择：

1. 销售记录。

每笔销售的情况，如时间点、品种、数量、单价、总额、客户名称（特指老客户）等，每天营业结束之后，再汇总一下营业额。若是店里使用电脑收银机的话，这些内容就不用手动记录了。

2. 基本营业信息。

诸如日期、几点开门、几点关门、当日天气、是否有重大节日、店里当班的人员名单（适合人多的店）等。

3. 进店人数。

从开门到关门这段时间内进店的人数。若有耐心，可精确到记录几点几分进来一个人。若想简单点，直接画“正”字也行。统计出当天进店的总人数，再用成交人数除以总人数，即可得出进店成交率。例如进店60人，成交20人，那成交率就是33%。用当日的营业总额除以成交人数，即可得出客单价。例如当日营业总额是4000元，成交人数是20人，那客单价就是200元。

4. 客户资料。

对于有价值的客户，应留下对方的基本信息，如姓名、性别、年龄、电话号码、微信号、所在单位/职务、外部特征、脾气特点、说话特点、采购频率、采购特点等，形成客户档案。

5. 客户的预订信息或是约好的待办事务。

6. 订货与到货情况。

记录实际订单情况（有些时候是口头报单）、实际到货情况，以及在送货单或欠单上签字的人名。

7. 各类费用支出。

如支付给供应商的货款、各项水电费用、家里人拿走的现金等。

8. 需要办理的政府事务。

营业执照年审、烟草许可证更换、卫生许可证办理等。

9. 老客户关系的维护情况。

用了什么方式跟进维护老客户关系，反馈情况如何。

至于记录的方式，最简单的可使用纸质记录本，每天记一页，这样后期翻查起来很方便。另外，就是要养成随时记录的习惯，千万别有“等下再一起记”的想法，因为人的短暂记忆只有6秒钟，不马上记录下来的话，转头就忘了。

刚开始的时候肯定是店老板亲自记录，待有店员了，这活就转交给店员。若是老板不在店里，店员可将记录页面拍下来，作为每日工作汇报发给老板。

第六节 店里没顾客的时候，店员该干什么

相对于熙熙攘攘的大卖场来说，小店是显得冷清一点的，每天十几个小时的营业时间，有一半时间甚至更多的时间店里是没顾客的，只有店员“孤单寂寞冷”地待在店里。

那么，店里没顾客的时候，店员在干什么呢？大多数是玩手机、聊天、化妆、吃东西、看书、看电脑（追剧或是逛淘宝）、发呆，有些比较称职的店员可能会站在店门口，试图拉进来一两个顾客。

店员的主要工作就是做销售接待，店里没人时，店员自然也就闲了下来，这闲下来之后该干些什么，应当纳入店务管理的范畴。

1. 门店形象的展示。

店里没有顾客，店外马路上还是不断会有行人路过的，这些行人虽然没有进店，但照样能看到店里的情况，也就是能看到店员在干什么。也就是说，店员在闲暇状态下的行为举止，照样会传递门店的形象，会影响到店外的行人。这里需要强调一下，别不把行人当顾客，每个路过店外的行人都是潜在的顾客，至少是门店形象的传播者。店员如果有不当的行为举止，也许直接就打消了行人进店看看的意愿。店员在店内的行为举止（包括发呆），都是在给店外的行人传递门店的形象，所以，有必要针对店员在闲暇状态下的行为举止建立对应的管理标准。

2. 要不要站在店门口？

有些店员在店里没人的时候会站到店门口，甚至还会主动吆喝，试图拉些顾客进店（尤其是看到隔壁门店有店员站在店门口的时候）。也许店员的出发点是好的，但这种行为并不适用于每个门店，尤其是那些卖耐用消

费品或是高档商品的门店。

店员站在店门口，其实就筑起了一堵“人墙”，顾客要进店，得先突破这堵“人墙”，对于大多性格内向的中国人来说，往往是没有这个勇气的，也觉得没有这个必要。店员站在店门口，就等于是直接把店门给堵住了。至于站在店门口吆喝，则会拉低门店的档次（火车站、汽车站附近的快餐店例外）。总而言之，店员站在店门口，往往会让路过的行人产生躲避心理，完全没有进店的欲望。

3. 不当行为不可取。

所谓的不当行为，指会影响店员个人形象及门店形象的行为，例如长时间聊天、玩手机、打瞌睡、挖鼻子、掏耳朵等。

4. 必要的禁令和监控措施。

对于不能出现的行为，应出台明确的禁令，向所有店员说明清楚。此外，为了监控店员的行为，有必要利用监控设备来进行监督。毕竟不是每个人都自觉，当老板不在场的时候，有的店员就会松懈下来，放松了对自己的行为举止的要求。

5. 可做的工作。

店员上班，接待顾客只是工作内容的一部分，除此之外，还有很多其他要做的事：

（1）时刻展现门店的正面形象。

（2）店内的清洁整理。

（3）趁店里不忙的时候，到隔壁门店串个门，维护关系。

（4）学习业务知识，如阅读、抄写资料册等。

6. 清洁整理也是门店形象的展示。

在店内做清洁整理工作，不仅仅是维护店内的整洁，也是在传递本店的正面形象。清洁整理工作的内容包括以下方面：

（1）全面清洁、整理天花板、货架、货品、绿植、陈列柜、灯具、地面、柜台、橱窗乃至店外的店招。

（2）本店的清洁程度越高，顾客在将本店与其他门店进行对比时，感受到的差距就越明显，对本店的印象就会越好。

（3）使用的清洁工具也要讲究，档次要高一点，牌子要大一点，专业性要强一点。好的清洁工具不但能提高清洁效率，还能提升店面形象，比如店员用戴森的吸尘器、3M 的空气净化器，显然能够让顾客觉得门店有档次。

第七节 与隔壁门店的相处

自家门店的生意与隔壁门店存在一定的关系，或正向或负向，或多或少，但肯定是有关系的。严格来说，新店在选址时，就应该把隔壁门店的因素考虑进去。

在选择新店地址的时候，需要注意隔壁门店的哪些情况呢？

1. 是否是直接竞争对手。

直接在竞争对手的隔壁开店是需要勇气的，若是在门店装修、营业水平等方面没有优势，那就等于给竞争对手带客流。

2. 隔壁门店的稳定程度。

通过询问房东或是附近的保洁、保安、书报亭老板等人员，了解隔壁门店的变更情况。若是隔壁门店存在频繁更换的情况，可能会存在两方面的问题：一是这个地段的客流量不行，大家的生意都做不下去。二是门店本身的经营有问题，老板压根就没打算做长线，而是打一枪换一个地方，在大量顾客找上门算账之前关店闪人。如果某个地段的门店总是不断更换，经常路过此地的顾客往往会对这一带的门店产生一定的不信任感。

3. 隔壁门店与自家门店客流的关系。

隔壁门店与自家门店在客流方面会存在三种关系：

（1）有正向关系。能给自己带来生意且不会有负面影响，例如电器店隔壁是婚纱店或者家具店，服装店隔壁是饰品店，零食店隔壁是玩具店等。

（2）有可以忽略的关系。不会带来生意，也不会带来干扰，大家相安无事，例如电器店隔壁是快餐店。

（3）有负向关系。在一些情况下，隔壁门店的生意会对自家门店的生意产生十分不好的影响，导致顾客不愿光临。例如化妆品店隔壁是用大喇叭循环播放“三块三块，全场三块”语音的三元特价店，电器店隔壁是二手电器店和电器修理店。

4. 隔壁门店的保洁程度。

看隔壁门店是不是一家有保洁意识的店。这里的保洁程度不仅指店内的保洁程度，还包括店外路面的保洁程度。有时候还要了解一下隔壁门店是否有把垃圾扫向别人门口的劣行。

5. 清查历史纠纷。

在决定租下门面之前，老板一定要查一下，当前门面的前任老板与隔壁门店是否存在历史纠纷，防止隔壁门店的老板把陈年老账算到自己头上。为了安全起见，最好走访下城管、街道、卫生、工商等职能部门。

6. 隔壁门店的直接影响因素。

看是否存在隔壁门店的招牌过大，导致自家门店的店招被遮挡，或是一直用大音量播放音乐，导致自家门店的背景音乐被淹没，影响与顾客的正常沟通，又或是长时间搞装修，有施工噪声等情况。

7. 与隔壁门店搞好关系。

若是确定了新店的店址，那么，一开始就要启动与隔壁门店建立关系的工作，最简单的接触方式就是在新店装修前主动致歉。与隔壁门店搞好关系，有以下方面的作用：

（1）借用洗手间。

（2）指引走错门的顾客。

（3）自己的店关店休息时，隔壁门店代收快递和小件货物。

第七章 小店管人

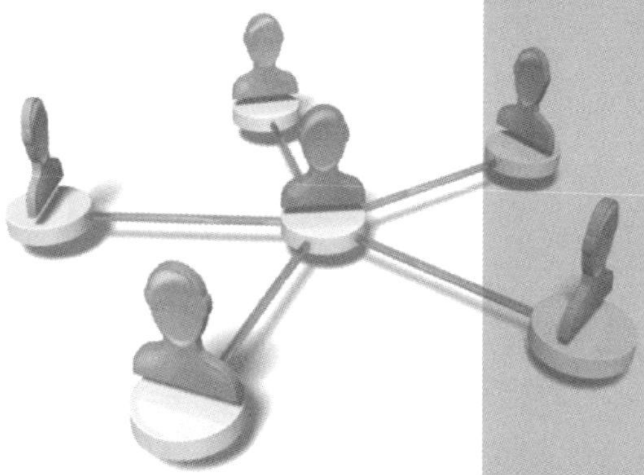

本章核心内容点：

门店经营规模扩大后，店老板就需要招人了，也就要进行人事管理了。从技术难度来讲，管人要比卖货难多了。从有一个员工开始，店老板就要学习规范的员工管理方法。

第一节 小店请人之前

有的店老板以前没请过人，那么在正式聘用店员之前，店老板需要做以下一些准备：

(1) 建立基本的人事管理思想。

(2) 开始有劳资关系的概念。

(3) 想清楚要请什么人，具体做什么事情。

(4) 思考一下会涉及哪些具体的人事管理工作。

(5) 想一下哪些事情需要提前做准备。

这些事情，最好是想在前面，做在前面，准备好之后，再开始招聘店员。下面我们谈几点简单的准备工作。

1. 请店员来做什么?

(1) 站柜台，看店，接待普通零售顾客。

(2) 在门店周边做宣传，例如在周边社区张贴广告、派发广告单页，到隔壁门店赠送小礼品等。

(3) 在营业高峰时段提供现场辅助。

(4) 给客户送货。

(5) 负责全店的清洁和现场收纳。

2. 店员的来源。

(1) 熟人或家族成员。尤其是在对人事管理完全没有把握的时候，可先从招聘熟人或家族成员入手。

(2) 熟人或是家族成员介绍的人。这样的人多少可信一些。

(3) 社会招聘。

3. 确定店员的工作方式。

(1) 全职，从早上8点一直工作到下午5点，一周休两天。

(2) 每周只工作2~3天，仅在老板外出时或是生意特别忙的时候来。

(3) 每天都来，但每天只工作2~3个小时，算是钟点工。

4. 设定薪资。

这个要看市场行情。可以先找到其他已经请了人的店老板，了解一下薪资行情以及工资的组成结构，如基本工资占多少，考核奖金占多少，考核奖金具体怎么算等。

在面试应聘人员时，要主动说清楚，工资这么定是基于当地的行情，而不是自己个人的主观界定。

5. 安装全店监控。

有些时候只有店员一个人在店里，因此有必要安装全店监控，且是那种可以连接手机端的监控。要注意的是，监控设备若是在店员到位之后才安装，会令店员感觉不爽，认为这是老板不相信自己，专门装来监视自己的，所以应该提前装好监控。监控要一步装到位，多角度交叉，确保全店无监控死角。

6. 设置价格标签。

店老板对自己店里所有商品的价格都很熟悉，但新来的店员可不清楚，为了方便新店员快速上手，需要健全、完善全店商品的价格标签。

7. 安装收银系统。

为了便于统计营业账目，最好提前安装收银系统，全店商品录入条码，扫码收银。这样，可通过收银机查到每笔交易，方便核对营业款及盘点货物。

8. 健全标签指示。

新店员对店里的情况不熟悉，可通过贴标签的方式，对全店商品的位置、性质（赠品、临期品、试用品等）进行划分。墙壁开关、设备插头、工具存放地点、设备状态等也可用标签加以标注。除了贴上标签之外，最好再整理一份汇总性的书面说明文件出来。

9. 提前开始做门店营业日志。

简单点说就是记个流水账，如记下每天的开门和关门时间、进店客流数量、大概的成交率、客单价（总营业额除以成交人数），当日总营业额、当日事务、订货到货情况、顾客预约事宜、盘点情况等，把门店每天的营业情况做一个汇总。有店员上班后，这项工作可交由店员来做。

10. 基本的授权。

哪些商品可以打折，哪些顾客可以给优惠，购买金额达到多少可以送什么赠品，达到多少金额可以在结算时抹掉零头，这些要给到店员一份书面说明，便于店员实际运用。

第二节　店员的价值在哪里

开店做生意，自然要聘请店员，很多店老板还希望请到熟手、高手。可是，各位老板想过一个简单的问题没有：为什么要花钱请这些店员？

绝大部分老板的回答是："因为要靠这些店员去卖货啊，去促进销售啊，没有这些店员尤其是优秀的店员，哪里能出销售业绩呢？"不但是老板这么想，店员也会这么想。店员也会认为，他（她）来店里就是来卖货的，这店里的销售业绩都是他（她）一点点做出来的，甚至会认为，要是没有他（她），这店里就不会有这么好的业绩。

有价值的东西，大家才愿意花钱，那店员的价值是什么？卖货？其实，店员的价值不是卖货，而是弥补门店和商品本身的不足。

为什么这么说？

任何一家门店，都有三个最基本的组成部分：门店本身（包括店址、装修、硬件设备等），产品（包括品牌、质量、功效、市场活动等），销售人员（店老板和店员）。从理论上来说，若是门店地理位置优越、装修到位、设备精良，产品知名度高、质量可靠、功效显著，市场活动预算充足、方案完善，生意都不会差。可是，同时符合这些条件的门店几乎没有，也就是说，任何门店本身或是产品本身，必定存在这样或是那样的问题，如店址有点偏僻，装修简易或是陈旧，硬件设备不齐全或是等级不够，产品知名度不高、包装不好看、价格偏高、功效不明显，促销活动力度不大等。

而店员存在的价值，就是用其个人的力量来弥补门店和产品存在的不足。若门店的地段足够好、产品足够好、价格够便宜，那还需要店员费尽口舌推销吗？还需要想方设法留住顾客吗？想必都不需要了，店里只要雇个收银员收钱就行了。门店和产品本身足够强，店员的价值就不明显了，只有门店和产品本身存在问题时，店员的价值才会突显出来。

作为店老板，要把这个道理提前告知店员："本店在门店和产品方面是存在一定问题的，之所以请你来，就是希望通过你的个人力量来解决当前的这些问题。"例如，门店装修不那么到位，顾客进店后留店的时间短，希望店员的沟通能力能起到留客的作用；产品的品牌没有知名度，顾客难以产生信任，希望店员的个人表现力能让顾客对店员个人产生一定的信任，从而弥补品牌吸引力的不足；产品的概念较新，顾客难以接受，希望店员通过专业讲述来引导顾客了解产品，化解购买障碍。

这个道理之所以要提前跟店员说，是防止在后期的营业工作中，店员认为店里存在许多问题并以此作为业绩不好的理由。若是在招聘时就提前说清楚这个道理，将来在营业过程中出现问题时，也能及时引导店员从自己身上找原因。

第三节　只有两个员工也要管理

先系统学习了人事管理课程再来创业当老板的人极少，因为创业初期往往就老板一个人独挑大梁或是夫妻俩齐上阵，并不请人，不需要搞什么人事管理，老板的主要精力基本上都放在经营上。

待到生意忙不过来时，就需要请人了。请人之后，就要面临人事员工管理的问题了。从员工上班第一天起，就开始出现固定的人事成本，若是没有对应的产出，那就是亏损了。

具体怎么管？老板们刚开始都想得很简单，例如：

“人少不用管那么细，等以后人多了再来加强管理。”

“店里大概就这些工作事务，做好就行了。”

“钱也不会少给，若是干得好，后期可再加点，干得不行就减点。”

“应该是不会亏待人家的。”

真有这么简单吗？

首先要搞明白一件事：什么是人事管理？

（1）人事管理是日常的工作安排与沟通协调。

（2）人事管理是老板和员工之间的交换行为，员工用自己的执行力或是创造力来换取工资。

（3）人事管理是保持对员工的观察和提醒。

（4）人事管理是老板对员工的持续教学。

那为什么要搞人事管理？

（1）人不是机器，不是输入指令之后就会自动干活的，得要商量着来。

（2）不是每个员工在职业技能方面都是称职的，有些员工刚入职时就是一张白纸，需要老板来教。

（3）不是每个人的理解能力都很好，记性也很好，不是所有的员工都能正确理解老板的意思，能把老板的所有指令都记住，所以老板得要反复确认和提醒。

（4）惰性是人人都有的，天生的，员工找机会偷懒，少干点活也是常见的，所以老板得要盯着。

（5）员工的情绪每天、每时都有变化，而情绪又会影响工作效率，影响同事关系，员工情绪闹大了还会辞职不干，老板还得进行沟通疏导和激励。

（6）员工不一定是来帮老板挣钱的，也许是来“搞”老板的钱的，如偷货、偷钱、贪污、挪用公款、泄露公司秘密、飞单、自立山头、举报、放火烧仓库等，对于这些有可能发生的事情，老板得要有提前的预防和监控措施。

前面说过，从技术角度来说，管人要比卖货难多了，那费这么大劲去做人事管理工作，培养员工，对老板来说，又有什么好处呢？

（1）代替老板从事体力劳动和部分脑力劳动，减轻老板的辛苦程度。

（2）利用掌握的专业技能来弥补老板某些方面的短板（毕竟没有哪个老板是全才）。

（3）成倍提升工作量和业绩量，也就对应提升了门店的利润水平。

（4）把老板解放出来，让老板可以从事更重要的工作，拓展新业务。

（5）有些员工手里也握有资源，包括技术资源、资金、人脉等。

当前的社会环境变化快，这人事管理思想也得不断升级：

（1）老板和员工在人格上是平等的，别总居高临下地指挥和命令，还得要平等地沟通协商。

（2）别非要等员工做出成绩才给员工调整工资。老板应该先主动支付有竞争力的工资，再来要求员工提升工作效能。

（3）人少就能简单管理？不！只要有一个员工，哪怕这个员工还是家里的亲戚，也要制定对应的管理措施。

（4）等以后员工数量多了，再开始加强管理？不！规矩和风气一开始就要定下，否则一旦让员工养成坏毛病，想要改变他们几乎是不可能的，只能“换血”。

（5）别指望员工能在你这干多久，他们随时都可能会走，要有短期合作的思想准备。

那么，这人事管理工作究竟包括哪些事情?

（1）招聘。包括招聘广告的撰写与发布、面试、薪资沟通、办理入职手续、签合同。

（2）基本安排。包括员工的生活事务、档案、工作范畴、上下班时间、考勤。

（3）工作事务。包括工作定岗、定责、定量，工作执行标准，工作方式、目标量，衔接岗位。

（4）薪资考核。包括底薪、津贴、奖金、扣罚标准、年度奖金、年度普调、职务晋升。

（5）安全管理。包括入职背景调查、个人资料核实、家庭牵制、普法教育、规章制度签署、工作进程透明化、涉及资源的多头掌控等。

第四节 新员工入职时的工作安排

新员工刚进店，怎么安排工作?

绝大多数老板认为这个问题的答案很简单，既然是店员，那就直接让其冲到一线接待顾客，业务不熟没关系，边干边学，让老员工带一带，最多一两个月下来，也就学得差不多了。

并且，老板们还会认为，只要这新员工肯学肯干，很快就能从生手变熟手，做出业绩，业绩上来后，把员工的收入提一提，员工就会充满工作热情。

老板们想得是挺好，但实际情况却往往与此大相径庭：新员工进店后，因为缺乏足够的职业技能，业绩很糟糕，收入也提升不起来，备受打击；老员工欺负新员工，排挤新员工，甚至是等着看新员工出笑话的情况时有发生；在带新员工这件事上，往往是老员工不肯教、不会教、不系统地教(心情好且有空的话就说两句，或是到了关键的地方留一手)。在种种遭遇的影响下，新员工要么迟迟不能进入正常的工作状态，要么干脆辞职走人。

出现这些情况的责任并不在新员工身上，也不在老员工身上，而是在老板身上，是老板考虑问题过于简单且过于主观了，在工作安排方面没有设计、没有步骤，也没有策略，出现这样的结果是必然的。

新员工入职时的工作安排，不仅要充分考虑到新员工自身的实际情况，还要考虑到老员工的感受，以此为基础，综合新老员工两方的实际情况，再来有策略地设计新员工入职阶段的工作安排。

我们从客观的角度来分析一下新员工在刚入职阶段的基本状态以及存在的问题：

（1）新员工的基本状态：兴奋、有兴趣、有新鲜感、充满希望、愿意学习、对当前工作责任心强。

（2）自己也知晓的问题：缺乏相关的专业知识，对工作不太有信心；不知道能否和老员工相处好；不知道当前这个老板是否值得信任；不知道销售工作究竟好不好做；不知道有没有成长空间，能不能学到东西。

店里的老员工在看到新员工入职的时候，他们又会想些什么呢？

（1）正面的想法：人手多了，我的工作量可以减少了；有些杂活可以让新来的干；不用总是加班、顶班了；人多了，对顾客的服务能力提升了，对全店业绩的提升有帮助。

（2）负面的想法：我和新来的这个店员能不能好好相处？他（她）会不会抢夺我的业绩和收入？现有的利益平衡会不会被打破？他（她）会不会超越我、取代我？他（她）会不会是个品行低下的人？

作为老板，在把握新老员工的不同状态和想法之后，就可以对新员工入职阶段的工作安排进行设计了。基本原则如下：

（1）让新员工对工作产生兴趣，有信心，并尽快与老员工融洽相处。

（2）让老员工能从正面角度看待新员工并接受新员工，为后期有效带领、辅导新员工打下基础。在前期不能让新老员工出现利益纠纷，也就是不能让新员工动老员工的利益。

（3）不奢望新员工在入职阶段就马上能出业绩，也别指望老员工一开始就愿意辅导新员工并能与新员工好好相处。新员工刚来的头一两个月是学习期与磨合期，主要是学习怎么开展工作并与老员工及老板进行初步磨合。

（4）不能直接把新员工安排到一线去面对顾客。新员工的销售技术、产品知识、心理素质、性格脾气等情况尚未摸清，让其直接面对顾客风险太大。若是试图让新员工在实际工作中学习，那就等于在拿顾客当试验品。

具体的工作安排内容参考如下：

1. 主动说明。

（1）对新员工的主动说明。

“头两个月是学习期，不强调业绩，以学习为主。你们要打好基础，持续提升。”

（2）对老员工的主动说明。

“新进员工要先熟悉下各个岗位，然后再看哪个岗位最合适。”这样的说法能在一定程度上缓解老员工的防备心理——人家新员工不一定和你在同一岗位，也许是去其他配套岗位，例如收银或是后勤什么的，还是要处理好关系，对以后的工作配合有利。

2．学习内容的展示。

展示各岗位的技术结构图，让新员工明白，自己具体要学习掌握哪些专业技术，学习的先后次序如何，可以通过哪些方式来学习。有的新员工在入职时自身已有一定的技术积累，刚进店时也许会看不起店里的老员工，但当他（她）看到完整的岗位技术结构图，并与自己的实际技术水平进行对比之后，就会明白自己还欠缺很多，从而端正态度。

3．先教生活知识。

老员工教新员工，一定不能从产品知识或是销售技术开始教，而是要从生活知识开始教，例如附近的厕所在哪里，店里的设备怎么使用，午餐怎么订，私人物品放哪里，隔壁门店是做什么的，隔壁的老板是个什么样的人，等等。之所以传授或是分享这些生活方面的知识和技巧，目的是在没有利益因素掺杂的环境下与新员工建立起良好的关系。这些生活知识的导入也能让新员工有初步的安全感，并对老员工产生一些正面的认知。

4．初期工作分配。

正式给新员工分配的工作不能直接涉及业务，而是从清洁工作开始，如扫地、吸尘、擦橱窗、整理仓库、收拾杂物等。清洁工作可以让新员工熟悉店里的环境，另外，刚入职的新鲜感和责任心可以有效支撑其从事这类体力工作。看着干干净净的环境，新员工也容易有成就感。再有，在老员工看来，由新来的员工做清洁是理所当然的，自己的工作量也减轻了。

5．服务类工作。

在门店的销售工作中，有许多配套的服务类工作，例如帮进店的顾客放行李、照顾顾客带进来的小孩、端茶倒水、到仓库取货、包装货物、提货送行、整理客户资料等。做这些服务类工作不需要具备专业技术，按照主导销售的店员的指示去做即可。作为新店员，可先承接这方面的工作，一方面，这是最直接的观察学习的方式；另一方面，也能进一步证明自己是可以给老员工提供辅助支撑的。

6. 实际案例讲解型培训。

在每次实际成交之后，老员工可给新员工做些培训，以刚才实际成交的案例为对象进行技术讲解。这样的培训方式较为自然，毕竟这些成功案例就是在新员工眼皮底下发生的，说服力强，而且老员工此时心情比较好（甚至有些得意）。

长此以往，每次老员工接待顾客时，新员工就会很自然地观望学习，这既是新员工学习的一种方式，也是对老员工的一种监督。

7. 正式培训。

经历了多次的案例讲解型培训之后，新员工对销售工作已经不陌生了，这时可以导入较为正式的培训项目。既然是正式培训，就得有一定的形式和要求，可以在每天早上开业前或是晚上打烊后把大家集中起来，由老员工或是老板、厂家的业务人员当教员，利用电脑、投影仪等设备开展小型的培训活动。若是有条件，还可将新员工送到外部机构或企业接受集中培训。

把以上的几步走完，快的话需要一个月左右的时间。从表面上看，这一个月中新员工难以出业绩，老板会有损失，还不如直接让新员工去做销售，但实际上，此时的新员工无论是心理还是技术都还没达到要求，是很难直接承担销售工作的，必须要有一个学习的过程。为培训新员工而付出的成本属于老板需要承担的人事成本，是不能省略的成本。

在给新员工安排工作时，要充分考虑到新员工的心理感受和心理变化过程，有次序、有策略地引导新员工。另外，要注重老员工在其中的作用，要让老员工对新员工施以正面影响，不能干扰和排挤新员工。

第五节　店员需要掌握的基本销售概念

在整个销售体系中，层级最低的是店员，但他们却是处于一线，直接面对消费者，能带来销售业绩的人。店员既然做的是销售工作，那么，一些最起码的销售概念还是要掌握的，如此方能对自己的工作价值和工作方向有个正确而清晰的认识。

店员的上级管理者务必要在店员刚入职的阶段就把基本的销售概念灌输给他们，然后再教授销售话术和产品知识，切忌把产品知识和销售话术当成店员培训的全部内容。

那么，店员必须要掌握的基本销售概念有哪些呢？

1．你为什么会在这里？

门店之所以需要店员，并不是为了促进销售，而是为了弥补商品本身的不足。商品在包装、价格、功效、品牌知名度、促销力度等方面总是难免存在问题或是缺陷，需要通过店员的人为力量来解决和弥补。若商品都是十分完美的，那店员就没有存在的必要了。

所以，店员也不用埋怨商品有问题，正是因为有这些问题存在，自己才有存在的价值。

2．首先卖什么？

店员的本职工作是卖货，但在卖货之前，得先“卖”自己，即把自己“卖”给顾客。怎么“卖”？通过仪容仪表、言谈举止、接待流程、专业技能来“卖”。怎样才算是“卖”掉了自己？获得顾客的初步认可和信任，使顾客对产品产生了兴趣，实现了有效沟通，就算“卖”掉了自己。

在当前商品供大于求的市场背景下，消费者选择的余地大，且越来越重视在购物过程中的感受，而购物感受首先来自对商品销售人员的印象和感觉，店员若是没把自己“卖”掉，那商品的销售也就无从谈起。所以，销售遇到困难时，首先要考虑的不是商品有问题，而是应先分析分析把自己“卖”出去没有。

3. 别得罪客人。

销售的最高境界是“卖人”，人能“卖”掉，就什么都能卖掉。销售工作最起码的要求是别得罪人。今天没把产品的卖点讲明白，没关系，下次还有机会，但若是把顾客得罪了，那就不但直接失去当前的销售机会，而且今后也不会有机会了，甚至还会产生更严重的负面影响。

得罪人分为两种：有意得罪和无意得罪。脑子正常的店员都不会主动去得罪顾客，但是，在无意中得罪顾客的事情却经常发生，例如顺口说出来的话不妥，脸上无意中流露出不当的表情，做出不适合、不雅观的肢体动作，嘴里有自己闻不到的口臭，口水喷到顾客脸上等。

顾客在被得罪之后，自然是不会有心情购买商品了，要么当场发生冲突，要么在产品、包装、价格、赠品等方面挑刺，作为自己不买的理由。

4. 别人是怎么卖货的?

在学习自家商品的销售方法之前，先去看看别人家是怎么卖货的。这个做起来也简单——以普通消费者的身份去接触其他门店的店员，在沟通中了解接待流程、产品卖点、销售套路、疑问解答方式，甚至还可以故意提及自家的产品，了解对方的攻击点。这当中有一点可以留意，就是有的店员保密意识不是很强，会把自家门店配发的内部培训资料、产品话术手册等随意放在货架里，去偷师的时候可寻机翻阅。

以上只是几个基本的销售概念，作为店员的上级主管，老板们要先把这些概念给店员灌输下去，待店员们把这些内容搞明白了、能接受了，再开展产品知识和销售话术的培训工作。

第六节 工资模式对员工工作态度的影响

员工来店里上班，主要目的是获得工资收入，在此基础上才能谈职业使命和成就感。

既然员工看重的是工资收入，那么，老板怎么给员工发工资，必定直接影响到员工的工作态度。员工的工作态度若是不好，那么，这工作技能一般是没心思学了，即便学会了，估计也没心情去发挥运用。在工资方面，有哪些点是值得各位老板关注的呢？

1. 底薪与提成的比例关系。

低底薪高提成是大多数老板采用的工资模式，目的是防止高底薪让员工产生惰性，并希望用高提成来激发员工的进取精神。

可是，站在员工的角度，他们也许不是这么想的。低底薪会直接给员工带来不安全感，他们会想："只给这么点基本工资，说明老板不相信我，也不重视我，没打算长期留我。想拿高薪得靠提成，有点任我自生自灭的意思，但即便今后提成不错，那也完全是靠我自己的能力，既然有这样的能力，我去哪里不能挣到这份钱？"

尤其是那些新进的员工，他们还没有熟悉情况，也没有很好地掌握相关的销售技术，这种低底薪的模式会给他们带来极大的不安全感。大多数新员工的心理素质都不是很强，加上外面可选择的余地很大，很有可能出现入职后很快就离职的情况。

所以，店老板得要好好思考一下这个底薪和提成之间的比例关系。对于新员工，得要让对方有安全感，给他们安心学习的环境，即在新员工试用期阶段，可以采取以底薪为主、提成为辅的工资模式，增加新员工的安全感，突出老板宅心仁厚，使他们静下心来学习。对于脱离了新手阶段的员工，则可考虑把底薪和提成的比例控制在五五开的样子，这样安全感和销售压力两边都能兼顾到。

对于技术熟练、业绩较为稳定的资深老员工，可适当给他们施加压力，将业务保底量并入基本工资。也就是说，要完成一定的业务基本量之后，才能确保基本工资，在此基础上再做出的业绩则成为核算提成奖金的依据。

2. 工资的兑现速度。

做生意，是先做投入，后期才能拿回报的，这投入和回报之间有个时间差。老板的生意做得越大，越能接受更大的回报时间差。但员工可没有老板这么高瞻远瞩，在他们心里，最好是今天付出明天就有回报。而工资是员工获得的最直接的回报。老板给员工发工资，绝大多数是一月一发，也就是说，员工的付出，要等到一个月后才能拿到回报（甚至还有更久的）。站在老板的角度来看，这很正常，大家都是按月核算工资，先看结果再谈钱的。

但对于店面销售这类工作来说，过程与结果之间的时间跨度很短，顾客有意向还是没意向，买还是不买，都不会拖很久，店员的业绩是很容易统计的，所以，没有必要使用太长的工资核算周期。每月发一次工资的兑现速度对普通店员来说是有点长的，建议调整为每周发一次，或是半月发一次，缩短员工的投入回报期，充分发挥工资对员工工作积极性的正面促进作用。

当然，若是外聘店长，出于门店整体经营和管理的考虑，可适当延缓工资的兑现速度，维持在一月发一次即可。另外要强调的是，千万不要拖欠工资，这种事情对员工工作态度的负面影响是非常明显的。

3. 奖金的导向。

在很多员工看来，基本工资是次要的，奖金才是关键所在，因此，奖金的设置直接决定了员工的工作态度。绝大多数门店的老板在设置奖金方案时采取的是业绩导向，即根据实际达成业绩的情况来核算奖金。从理论上看，这个做法很合理，员工卖得越多，挣的奖金也就越多，老板也会挣得更多，正所谓“你好，我好，大家都好”。

但是，在实际销售工作中，这么做有一个问题：这种业绩导向，必然会让店员把目标点聚焦在结果上，也就是最终成交上。虽说过程决定结果，但是，绝大多数店员没有足够的耐心和全局意识，往往会略过过程，直奔结果。例如在对产品专业知识的学习、对竞品的了解、对顾客的研究、对实际需求的确认、对销售话术的运用、对销售策略的运用等方面往往没有太多的耐心，服务态度也好不到哪里去，没有心思学习技术，也没有心情对所有顾客保持良好的服务态度。他们最喜欢那些直奔目标而来、爽快的顾客，遇到那些纠结于购物过程的顾客，心里是十万个不愿意接待。

在结果导向心态的影响下，店员的言行举止给顾客带去的感觉必然是：缺乏专业知识，没有认真了解我的实际需求，急于推销，急功近利。顾客由此产生被压迫感，丧失沟通和购物兴趣，只想离店。

其实，可以换个角度来看待这个问题：若是店员在接待顾客的过程中，专业知识良好，沟通融洽，必定对最终的采购结果有良好的推动作用。通俗点说，服务过程中的工作做得好，结果不会差到哪里去的。

因此，可考虑将奖金方案的导向由业绩导向改为服务过程导向，将业绩奖金拆分，分为服务过程奖金和结果业绩奖金两类。也就是说，只要店员能持续为顾客提供良好的接待工作，就会有奖金，以此来促使店员强化对自身服务工作的重视。

尤其是在高端新产品刚进店推广或是建立门店品牌形象的阶段，奖励提成以业绩为导向实际意义不大，应该以服务过程为导向，让店员培养注重服务的工作习惯，不管什么类型的顾客进店，都能保持良好的服务态度，不强求顾客今天就成交，如此，也能让顾客在进店后拥有一种宽松的环境氛围，与店员进行有效沟通，这必然会为最终的成交打下良好的基础。

第七节 店员的销售技术

店老板招聘店员，自然是看中了店员所具备的销售技术。店员所掌握的销售技术在很大程度上决定了营业绩效。所以，老板们在进行招聘的时候，自然会非常关注店员自身所积累的销售技术，在入职后，还会对店员持续进行技术培训。

现实情况是，虽然店老板给店员安排了诸多的技术培训，但是，店员在受训之后，其实际业绩并没有提升很多。笔者曾见过，某著名家电企业对其专卖店店员进行培训的频率已经达到了每周一次，可营业绩效依然毫无起色。

先抛开店员工作态度方面的因素不提，为什么这么多培训搞下来之后，还是没能显著提升营业绩效呢？

问题出在对店员销售技术的认定上。在店老板看来，店员的主要工作就是卖货，既然是卖货，那么所要学习的内容肯定就是产品知识，包括产品工艺、产品性能、对比竞品差异点、安装与使用方法等。针对产品知识开展培训能帮助店员掌握两个技能：一个是介绍产品的标准话术，另一个是针对顾客可能会问到的问题提前设定好标准答案。

这样的培训，优点是容易执行，培训教材撰写起来也比较容易，对培训师的要求也很低，照本宣科地读 PPT（幻灯片）即可。但是，这样的培训存在两个问题：

第一，顾客形形色色，不一定会按照培训课程所提到的套路来。

第二，严格来说，店员所需要掌握的销售技术涵盖面甚广，是由多个知识技术单元所组成的销售技术体系，产品知识只是其中的一个环节而已，产品知识学习得再好，如果没有形成完整的销售技术体系，就无法真正发挥技术的作用。就像一个士兵学会了枪支的工作原理，不代表他就能够进行精确射击。

总而言之，这样的培训把单一的产品知识当成系统的销售技术，没有充分考虑到销售技术的全面性，仅仅靠学到的一点产品知识，店员是很难搞定顾客的。也难怪有店员抱怨说："我把该说的话都说了，可顾客还是不买。"店员机械地把一堆产品知识灌输给顾客，怎么可能引起顾客的购买兴趣呢？

那么，店员应当掌握的销售技术究竟包括哪些内容呢？

1. 收拾仪表。

所有销售工作的第一步都是"卖"掉自己。怎么"卖"？良好的外貌，良好的面部表情，端庄有礼的肢体动作，得体的发型、穿着、配饰等，一样都不能缺。最起码，店员首先得要把自己收拾得干干净净、利利索索的，让顾客首先在个人层面上对店员有正面印象，有好感和初步的认可。

2. 语言沟通技术。

也就是学会说话。别说傻话，不该说的话别说，千万别以为说话是件简单的事情。大多数顾客说话有两大特点：一是有话不直说，二是一般不说真话。光把这两点搞明白，就得费不少劲了。

3. 了解顾客。

作为店员，不仅要研究和熟悉自己所销售的产品，还要研究顾客，研究顾客的心理特点、消费特点、思维习惯，喜欢什么、怕什么、担心什么。兵书云："知彼知己，百战不殆。"做生意，一定要把顾客给研究透了。

4. 接待流程。

顾客进店，店员该怎么观察，怎么迎接，开头三句话怎么说，基本的接待礼仪有什么，如何一步步询问顾客的需求，如何把顾客的需求与产品的特点进行结合，等等。得有一套完整的流程，随店员自由发挥的话，既劳神费力又低效。

5. 外表识别技术。

顾客即便没开口说话，其外在表情、穿着、走路的速度、带的东西也会释放出信息，若能加以识别，就能迅速识别出他是着急要买的顾客还是纯粹进店消磨时间的顾客，是大宗采购型顾客还是竞争对手派来查价的探子。

6. 内心识别技术。

顾客是不可能完全向店员说真话的，有时会有所隐瞒，有时会声东击西，还有可能故意说瞎话。作为店员，得要具备一定的识别能力，通过顾客的面部微表情、肢体动作的变化、语言与肢体动作之间的矛盾等信息，识别出顾客的真实意图。

7. 产品知识。

这个就不多说了，厂家和店老板在这方面的培训都比较到位。

8. 通俗化表达。

从专业度的角度来说，顾客的专业度肯定不如店员，但是，店员说的专用词语，顾客不一定听得懂；即便听得懂，也不一定能真正搞明白；即便能搞明白，也不一定有兴趣。所以，店员应该把与产品相关的专业术语用通俗化的语言表达出来，解释要通俗易懂，让顾客能听明白，有兴趣听。

9. 销售工具的运用。

绝大多数店员在向顾客推销商品时都是空手做销售，完全靠一张嘴皮子。说实话，仅仅靠嘴巴就能把顾客说动了的店员着实不多。所以，现实点吧，没有足够的把握能靠嘴巴说服顾客的，还是使用销售工具（无论是厂家配的还是店里自己购置的）为好，即使用工具进行测量、检测、对比、细致观察，更加专业、更加客观地向顾客介绍商品。

10. 销售策略的运用。

店员与顾客打交道，经常要斗智斗勇。顾客会给店员挖坑，店员有时候也会给顾客挖个坑，如让顾客产生愧疚感以迅速拉近与顾客之间的距离，给顾客戴高帽子，给顾客台阶下等，这些策略是得要学习的。

11. 意外情况的应对。

要掌握各类意外情况的应对方法，如顾客退货、顾客的同伴反对、顾客用假钞等，都要提前考虑到并掌握相关的应对方法，避免意外发生时不知如何处理，惹出更大的麻烦来。

笔者开店的时间也不是很长，所能整理出来的销售技术还比较有限，但有一点是肯定的，就是店员所要掌握的销售技术是由多个类别的技术所组成的，是需要全面学习的，千万别以为学点产品知识就足够了。这就像烧开水，产品知识学得再好，充其量也就是把水烧到了三成热，其他的技术掌握不到位，这水肯定是烧不开的。

第八节　店员的信心培养

做销售工作的人要有精气神。有足够的精气神，才能乐观地对待工作，即便是面临压力和困难，也会往正面、积极的方向看。如果销售人员自己都打不起精神，整日唉声叹气、萎靡不振，又怎能有效地应对顾客呢？

人的情绪会受外部客观环境的影响，例如在当前处于淡季，进店顾客数少，或是推出的全新品牌不被顾客接受，出现频繁退货等状况时，店员的信心会受到一定的程度的影响或是说受到打击。此时，该怎么调整店员的心态？怎么来培养或是提升店员对店里生意的信心？

信心的培养和提升，不是靠思想麻醉就能解决的，更不是靠晨会时做做操、跑跑步、喊喊口号就能解决的，而是要通过一些具体的措施，让店员能够从客观角度看问题，对问题有较为全面的认识，并且看到积极的因素与机会点，在多个维度形成心理支撑，建立或是强化对未来的希望，从而充满信心。那么，能够培养店员信心的手段有哪些呢？

1. 介绍行业趋势。

通过对本行业的发展趋势进行介绍与分析，让店员知晓行业发展趋势，明白趋势的发展是一个渐进的过程，在某个时期生意进入淡季是一种正常的现象。

在介绍行业发展趋势的同时，店老板若是能再介绍一下自己对生意的整体发展规划（与行业发展趋势能对接上的发展规划），则更能强化员工对未来的信心。

2. 坚定对产品的信心。

这就需要上游厂家给予支持了。请上游厂家派人或提供资料，针对产品给出专业的介绍说明，使店员深入了解产品。上游厂家需要提供的信息包括产品的研发水平、原材料、生产工艺、品质检测结果、技术性能等，最好能再提供一些与竞品进行对比的结果。

3. 传递顾客反馈回来的正面信息。

前期成交的顾客，店里要主动跟进，从反馈回来的信息中挑选出一些正面的、积极的亮点，传递给店员。

4. 安慰店员未来还有成交机会。

顾客不一定会迅速做出购买决定，尤其是对于单价较高的商品或是新品，顾客通常需要有一个对比思考的过程。还有一些顾客是有采购计划的，需要等到某个具体的时间点才会实施。只要与当前接触的顾客建立良好的关系，使其成为储备顾客，未来就有成交的机会，接触的顾客越多，将来成交的机会就越多。

顾客临走时的一些客气话，如“我会再来的”“东西还是你们店里的好”等，应该被理解为未来有希望——今天虽然没生意，但又多了一个储备顾客。

5. 让店员发布广告信息。

店里在搞广告宣传活动时，尽量让店员参与，哪怕是到街上散发广告单页也好，那样他们会觉得自己是在亲手散播希望。

6. 对比糟糕的竞争对手。

老板还可组织店员到别的店去看看，对比对比。当然了，出于对比效果的考虑，所选的对象在现场环境、营业水平、客流量等方面要与自己的店有较明显的差距。店员到现场对比之后，会产生一定的优越感。

7. 强化店员对老板个人的信心。

店员对店里生意的信心、对未来发展的信心很大程度与对老板个人的信心相关。老板究竟是不是个靠谱的老板，老板的实力、老板的经验、老板的眼光，老板在当地的行业地位，这些因素都会左右店员的信心。老板在店员面前要把优势面体现出来，该包装的地方还是要包装的。

帮助店员建立信心的过程，类似于给气球打气的过程，得要持续进行，因为总会有些负面和消极的因素出现，让店员泄气。这个打气的工作一定要持续做，而且打气的速度不能慢于店员泄气的速度。

第九节　店员考核的基本次序

老板需要对员工的工作状态及工作成果进行考核，以此来衡定员工的绩效工资。考核的内容基本可划分为两个层面：一个是行为态度，另一个是工作质量及成果。这里，我们重点来分析工作质量及成果层面的考核问题。

在传统的考核方式中，自打员工入职开始就给他们分配任务量，设定考核目标值，然后根据员工的实际完成情况来核算员工的奖金。

在这种方式下，员工的工作完成率高、业绩成果丰硕，考核分数自然也就高，个人薪资也跟着高，员工的工作积极性也就能持续，由此可形成正面循环。反过来，若员工完成工作的质量较差，考核分数低，自然收入也低，而低收入会使员工陷入低迷消极状态，更加没有信心和激情来面对后续的工作，从而陷入恶性循环当中。

老板们当然希望员工能够进入正面循环，但是，在实际工作中，大多数员工往往会陷入负面循环的漩涡之中——收入少，干活没什么积极性，得过且过。为什么会这样？是因为考核方式出了问题。

考核方式绝大多数是由老板主导制定的，自然是以老板的思想意识为准则的。在老板看来，应该给员工确立一个工作成果标准，员工达到这个成果标准，就能拿到对应的工资，要是能超过这个成果标准，就可以获得更高的工资，多劳多得。另外，老板们会想当然地认为，员工为了拿到高收入，肯定会想方设法去完成任务，甚至想树立几个高收入员工的榜样，刺激众员工向他们学习，玩命挣业绩。

但现实没这么简单。这工作成果是结果，在取得结果之前，是需要经历一个过程的，有过程才能有结果嘛。这个过程包括树立对工作的信心、熟悉工作、学习产品知识和销售技术。如果老板不考虑到这些，直接一步到位要结果，那对于员工来说太吃力了，工作热情很容易受到打击。

考核方式的制定应该综合老板和员工双方的意愿，考虑到实际情况，不能“一刀切”或是一步到位，而是要循序渐进地推进。员工毕竟不是机器，而是需要引导、培养、培训的人。

我们可以考虑设定考核的次序，在员工进入公司的不同阶段，有不同的考核重点。

第一阶段的考核重点：考核员工的职业技能掌握情况。

新员工入职后，肯定是要有个学习的过程的，不管是搞新员工集中培训还是简单地让老员工带岗，都是学习过程。这里需要强调的是，不能假定新员工的职业技能已经到位，进到店里马上就能上手干活，这是不可能的。每家店的经营方式和管理特性都不同，这些都是需要员工重新学习的。所以，老板一定要树立这样一个观念：新员工入职后，刚开始的工作任务就是学习，熟悉情况，掌握相关的职业技能，不能指望新员工在学习阶段就有业绩产出。这个学习期，可以是一个月（至少），也可以是三个月，在这段时间内，新员工原则上不对业绩负责，所经手的一些工作只是用来帮助熟悉业务的。

既然给新员工定下的任务是学习，那么对新员工的考核就应当是考核学习情况，例如考核新员工对各类业务的熟悉程度、职业技能的学习及实际运用情况。可以采用笔试、实际操作演练等方式来考核。考核的目的是确保新员工已经熟悉了相关业务，并且掌握了对应的职业技能。

第二阶段的考核重点：考核员工的标准化执行能力。

严格来说，工作中的每一件事情都应该有标准流程，例如给客户的电话应该怎么打，客户档案应该怎么建立，终端货架陈列应该怎么做，促销活动的前期准备工作有哪些等。若是没有明确的标准，员工就会按照自己的想法来理解和执行，也就是按自己的标准来工作，这必然会导致混乱和低效。所以，必须建立一个流程标准。

建立流程标准之后，接下来就要引导员工按照流程标准来执行工作。

员工在实际工作中，是否遵循既定的流程标准，是第二阶段的考核重点。在这个阶段，以考核标准化执行能力（过程考核）为主，可带一些成果考核，或干脆完全不考虑成果。考核期控制在两到三个月，这主要是考虑到员工从接受标准到形成执行习惯需要一定的时间。

其实，只要所制定的流程标准合理，员工又能按照标准把过程做好，结果都不会差到哪里去。

第三阶段的考核重点：考核员工的工作成果。

在员工能够按照流程标准执行工作的前提下，再来考核员工的实际产出成果。这个考核就简单得多了，考核业绩也行，考核回款也行，考核达成率也行。

这个考核就是回到员工的实际工作成果这个点上来了，这也是老板请员工的根本目的所在。前面设置了两个阶段的考核，看起来是多了些周折，但实际上是正常的、合理的。想直接一步到位，反而会欲速则不达——在员工没有掌握好相关职业技能，没有充分熟悉业务，没有形成标准化执行动作的情况下，怎么可能有很好的业绩产出？

出于巩固员工工作习惯的考虑，在本阶段，要增加一定比例的标准化执行能力考核，对过程的考核仍然不能放松。

第四阶段的考核重点：考核员工的创新。

效率是可以无限提升的，成本是可以无限节约的，员工的潜力是可无限挖掘的。在员工能达到既定标准的前提下，还应该想办法去深挖员工的潜力。

在这个阶段，可以导入员工的创新考核。员工在完成既定工作的基础上，对门店运营的各个环节有研究和创新成果，在工作效率、成本控制、维护客户、规范管理等方面有一定产出价值的，都能获得对应的奖励。也就是先达标，再创新。

当然了，这个考核是独立的，不纳入常规的考核，没有创新动作不扣钱，有创新就有奖励，毕竟创新是需要一个宽松的环境的，需要员工自主、自发创新。

总而言之，员工考核别搞“一刀切”，而是要充分考虑到新员工在进店之后必须经历熟悉、学习的过程，培养标准化执行能力，然后才有可能产出结果，在此之后，再去深挖员工的潜力，引导员工积极创新并提升自己。

员工在入职初期对业务不熟悉，职业技能尚未掌握到位，还没形成标准化的执行动作，是不太可能有效完成工作的。直接采用结果考核的话，糟糕的结果、可怜的考核奖金会让员工产生较大的压力，失去信心，怀疑自己是否适合这家店、适合这份工作，会产生离职的念头，又或是在压力之下试图走捷径，通过透支资源、蒙混过关等手段来应对考核。这样的考核结果，是老板真正想要的吗？

第十节　夫妻型小店的再发展

夫妻型小店，就是只有夫妻两人守着的店。

在创业初期，夫妻档是非常好的人员搭配方式，也很能适应生意刚起步时的经营状态。

夫妻共同经营有以下几点优势：

(1) 稳定性好。

(2) 利益所有权一致，在利益分配方面不容易扯皮。

(3) 性格及分工有互补性。

(4) 基本发展方向一致。

(5) 能互相配合，甚至能为彼此做出较大的牺牲。

(6) 即便有矛盾，也会因为关联因素多而容易消除。

在具体分工上，一般是男主外、女主内，老婆在家守店，老公在外面跑（应酬、跑客户、送货等），或是两口子轮番守店。

不过，夫妻俩搭档适合创业，却不一定适合守业。买卖做大了之后，就会出现各种矛盾，因为生意导致不和而离婚的案例并不少见。具体来说，两口子在后期闹起来，主要是出于以下原因：

(1) 生意做大后，两口子都认为自己的贡献更大，承受的压力更多，对方要感谢自己。

(2) 没有明确的长期发展规划，走到哪里算哪里，不能预见发展中可能遇到的难题，没有提前准备解决方案，一旦遭遇事故或是进入发展瓶颈，就开始互相埋怨，指责对方怎么没早点想到。

(3) 分工不清晰。早期是有事两人都主动做，都很自觉，不用做什么分工，后来事情多了，忙不过来了，就先是互相指望，然后互相等待，最后互相指责。

（4）经营风格不同，争夺财务控制权。老婆在店里，每天接触的是真实的生意，积累了大量的经验、方法，也深知一分一厘来之不易，考虑问题更加务实，因此在成本控制方面抠得比较紧，能不花的钱就不花，回转慢、见效慢的钱也不肯投，虚无缥缈的事儿就更不敢投钱了，在经营风格上侧重于守住当前的店。

老公在外面跑得多，接触的面广，获得的信息量也更大，想法自然也就更多，在经营风格上较为侧重拓展和创新。这就与老婆保守的经营风格产生矛盾了，在投钱的事情上也就更容易出现矛盾了。为了避免老公乱投钱，老婆又会设法把财务权牢牢掌握在自己手里，让老公空有老板之名，但无老板之实。

（5）两口子都是老板，都认为自己对生意有着深刻的理解，同时又都想改造对方，改造不下去时，就互相指责甚至互相拆台。

按说，在店里的生意基本稳定之后，对今后的生意究竟该怎么拓展，两口子应该有些规划的，而且还应该引入一些科学的、量化的管理措施，例如：

（1）共同制定一个 5～10 年期的发展规划，确定目标，明确发展路径。

（2）基于发展规划，提前做好相关事务的筹备，如选人用人，新店址、新行业的考察等。

（3）所有工作都要有明确的分工，该是谁干的就谁干，实在忙不过来时再委托给对方做，千万别指望对方会主动自觉地把工作都做了。

（4）财务要清晰，分出家庭和生意两个账户，老婆管家庭账户，老公管生意账户，若有急用，可临时调用，但事后要归还。

（5）双方分歧较大时，可各开一家店，各自独立管理，自己完整地面对所有事情和问题，这也有助于理解对方。

（6）不要强调自己的辛苦和付出，夫妻之间算这个没有意义，强调自己的辛苦和付出，就等于否定对方的辛苦和付出。

（7）从安全及发展的角度来说，可以考虑由老婆在家守店，老公出去找份跑业务，借此扩大接触面，整合更多的外部资源（供应商、新行业、更多的零售店等）。

从个人角度来说，建议生意做到一定规模以后，夫妻其中一人回归家庭，一人全盘掌控生意，那样更有利于家庭的稳定和生意的发展。

第八章 互联网零售

本章核心内容点：

随着互联网尤其是移动互联网的发展，零售环境发生了巨大的变化。传统的小型零售店也应该关注新零售的发展情况，创新思路，寻求变革，不断改善细节，寻找更多的发展机会点。

第一节 从便利店看小型零售店的发展

便利店是销售渠道中的“最后一公里”，离消费者最近，商品和服务最贴地，是顾客便利消费的不二选择。便利店于20世纪40年代起源于美国，如今在全世界落地开花，在品牌、覆盖区域、门店数等方面都有了长足的发展。即时性、便利性、体验性、服务性是便利店的经营核心。随着用户需求不断丰富，便利店也在不断创新，“小而美”和服务温馨成为主要特点（见图8—1）。

图8－1 日本的主流便利店品牌

便利店基本都开在写字楼、社区等能够直接接触大量人群的地段，跟消费者的日常生活高度关联。以7－11为代表的头部便利店在服务上已然形成一套完整的体系，总结起来包括以下一些服务项目：

（1）电讯相关服务：售卖各类充值卡、SIM卡，提供手机充电等。

（2）互联网相关服务：售卖游戏点卡、网站点卡等。

（3）票务类服务：售卖体育彩票、福利彩票、各类门票、停车卡等。

（4）代报名服务：代办各类培训班的报名手续等。

（5）送货服务：根据不同区域顾客的需求，提供送货上门服务。

（6）订购服务：代购考试教材、潮流用品、礼品等。

（7）传统便民服务：出售报纸、邮票，提供复印、传真服务等。

（8）缴费服务：提供电话费、水电费、煤气费等费用的收缴服务。

（9）家政服务：承接清洁、做饭、花草培植等家政服务。

从以上服务项目可以感受到，7－11 这样成熟的便利店渗透到了人们生活的方方面面。当门店跟顾客的生活高度关联，还愁顾客不进店吗？还愁商品不动销吗？

仔细研究后我们发现，成熟的头部便利店本质上是靠提供便民服务来增加利润的，即通过丰富各类便民服务来提高员工的服务技能，让顾客得到高附加值的服务，提高企业的利润。用便民服务来拉动商品销售的确是个好办法。很多时候，增加便民服务是不需要成本或者成本很低的，相比为了拉动销售而做的各种促销、硬推，成本要低廉得多，效果也更好。单纯为了销售而销售，跟用服务连接消费者，以服务拉动销售这两种经营思路一对比，高下立见。这也是我们小型实体零售店特别是社区型小型零售店的发展方向。

随着互联网技术的普遍运用，新零售时代已到来，便利店也与“互联网＋”亲密拥抱：

（1）支持扫码支付。

（2）开通线上下单、线下配送功能。

（3）与社区团购结合，做线下提货点。

（4）与快递公司合作，做快递包裹的收发点。

……

未来，以便利店为代表的小型实体零售店会成为一个综合功能强大的线下服务中心，不再是单纯售卖商品的地方。这一切都建立在信息技术的革新与应用之上。麻雀虽小，也是五脏俱全，小店虽小，但是该有的信息化系统一个都不能少，运营管理系统、商品系统、销售系统、会员系统等都需要引入信息化的手段、技术和方法。

开小型零售店，要有与时俱进的思维，才能做到用服务增加顾客的黏度，用服务拉动商品销售，增加利润。

第二节 网络主播与地面导购

直播带货已经火遍了大街小巷，那些头部带货主播的风头堪比顶流明星，占据了各种媒体的头条。网络主播能火到什么程度？李佳琦抽个烟都能上热搜，搞得他不得不发声：我就是个直播带货的，请不要那么关注我，大家都很忙，散了吧……

拨开罩在带货主播们头上的种种光环，其实直播带货也就是卖东西，主播也就是个导购，没什么稀奇。

图 8－2　网络主播与地面导购的对比图

既然带货主播也就是个导购，跟我们平时在各零售店里看到的导购小姐、导购大妈一样是卖货的，那为啥一个被捧上天，一个无人理？区别在哪里？（见图 8—2）有商家决定减少甚至取消地面导购，转战线上，用带货主播取代地面导购，这是否具有可行性？我们来看看两者的特性和差别：

1．服务受众。

地面导购服务的是走进自家店或走近自家产品货架，具有一定购买意向的顾客，而这些顾客的来源是有时空限制的。

带货主播服务的是进入直播间的观众，这些观众有可能是来买货的，但更多的是来看热闹的，观众的来源不受时空限制，天南海北的人都可以进直播间。

所以，从接待对象的跨度和广度上来说，网络直播具有广泛性。

2. 销售产品。

地面导购销售的是自家的产品，具有唯一性、聚焦性，属于纵向深入型。

带货主播销售的产品可来自任意商家，不聚焦，属于横向外延型。

所以，从产品上来说，地面导购是专为自己服务的，而网络直播则是服务众多商家的。

3. 销售技能。

地面导购需要深刻地了解自家的各种产品，具备行业和产品的专业知识，有良好的沟通表达能力，有亲和力，能很好地观察和照顾顾客，靠做好服务细节来打动消费者。

带货主播不可能具有和地面导购一样的专业水平，他们需要的更多是镜头前的表现力，侧重于表演而不是服务。

所以，从技能上来说，地面导购如同月嫂，照顾孩子非常专业；而带货主播则像是演员，拿着各个商家提供的台本，带给观众各种表演。

4. 销售场景。

地面导购的销售场景是门店、专柜等，这里产品丰富，陈列丰满，品牌元素齐全，能突显品牌张力，给顾客以多样化选择，带动延伸需求。

带货主播的销售场景是直播间，通常每种货都只能在极短的时间里出现，无法向消费者强化品牌形象和展示产品的多样性。

所以，从销售场景上来看，直播带货只能卖单品，无法做品牌强化，也无法满足消费者的多样化需求，过于单薄。地面导购可以做到“你要什么我给什么”，直播带货只能做到“我有什么你买什么”。

5. 销售核心。

地面导购的销售核心是“专业服务 + 情感链接”，是在相对有限的空间里向特定对象做有限传播，因此，地面导购可以为顾客做一对一的深度服务，了解其具体需求，提供解决方案，灵活地选择产品和服务来匹配顾客的需求，能在品牌和顾客之间做出最优搭配，能在销售过程中凭借细心、热心、周到等服务细节与顾客产生良好的情感连接，增加顾客对品牌的好感度，使顾客的黏性提高，复购概率增加。

带货主播的销售核心则是“低价推荐＋个人影响”，是在网络世界中不限定对象、不限定区域地无限传播，“全网最低价”是带货主播们最常用的销售导语，其对产品、对品牌并无专业了解，也不能在品牌和顾客的需求之间做灵活搭配。带货主播凭借自己的影响力吸粉，并以依靠由个人形象建立起来的公信力来引导顾客购买，由于粉丝数量庞大，所以容易引发爆品现象，造成话题传播，取得广告效应。

直播带货与地面导购的优缺点比较如表 8—1 所示。

表 8－1　直播带货与地面导购的优缺点比较

	地面导购	直播带货
优缺点	1. 可以根据顾客需求灵活地推荐匹配性的产品和服务，要什么给什么 2. 能现场挖掘顾客的深度需求和延展性需求 3. 提供细节服务，优化顾客体验，让顾客满意 4. 在沟通中对消费者做品牌和产品的深度教育 5. 良好的导购服务能加深顾客对品牌的正面印象 6. 每个导购都是一线信息搜集员，搜集消费者的需求并反馈给企业，供其在做产品、价格、包装等各种决策时参考	1. 侧重单品介绍，单点带货，不能做品牌的连带促销，有什么卖什么 2. 顾客不要这个要那个的灵活性匹配做不了 3. 不能做品牌和产品的深度服务，如根据个人需求做化妆造型、整体搭配、套餐设计等 4. 不能根据与顾客的沟通来挖掘需求，做延伸购买 5. 不能代表品牌与顾客建立情感连接 6. 直播只卖货，不能结合品牌做深度的消费者教育

（续表）

价值提供	提供“卖货＋终端维护＋消费体验＋顾客服务＋品牌教育＋情感连接”的立体复合式价值	适合新品推广、爆品打造，借势做广告，只能卖产品，不能做服务，不能做品牌，不能深耕消费者
稀缺性	专业导购企业可以掌控，可以批量化复制	头部主播是稀缺资源，不可复制，不能掌握
约束力	单个导购对品牌的负面影响力非常有限	品牌跟主播不能黏性太高，否则主播出事，品牌完蛋

总的来说，地面导购是厂商品牌专属的销售工具，靠照顾品牌、服务消费者来提升产品销量，是“居家过日子”的常规配置；而带货主播是可在新品上市、大促引导、话题制造等特殊节点合作的借势平台，算是“调味小辣椒”吧，不能天天吃，吃多了就麻痹了。再说了，“坑位费”那么贵，天天吃也受不了啊！

第三节　直播带货的路子怎么走

罗永浩的抖音直播首秀以交易总额达到 1.1 亿元收官，成为爆款话题；薇娅同期直播卖火箭，创造史上单价最高的商品；李佳琦、朱广权的“小朱配琦”组合为湖北做公益直播，引爆社交圈，口碑业绩双丰收……

图 8－3　名人网络直播

不管是话题关注度还是业绩表现，直播带货都十分抢眼，已引起越来越多人的关注（见图 8—3）。据统计，2019 年，淘宝直播全年成交额突破 2000 亿元，目前有 4 亿用户成为淘宝直播的观众，100 多位主播年度交易额破亿元，超过 60% 的用户表示直播带货能够比较有效地激发消费欲望。

互联网技术的日益发展，“5G”的加持，让网络与普通民众的生活黏度越来越高，新冠肺炎疫情造成的封闭更是为网络消费、线上娱乐添加了好几把火，一时之间似乎全民都在谈直播。在传统销售模式增量有限的当下，无数企业更是蠢蠢欲动，大有冲进直播领域一试牛刀的架势。

1. 那些走进直播的企业。

红蜻蜓鞋业董事长钱金波的第一场直播就吸引了40多万人次观看，自家鞋子的销量同比增长超100%。这场直播定下“公益+特惠”的主题：抗疫一线女医护的奉献精神让钱董感动，他发起了“卖一双捐一双”的公益活动，直播期间每卖出一双皮鞋，即为处在抗疫一线的女性医护人员赠送一双皮鞋。他的这种情怀打动了观看直播的观众，获得上百万的点赞（见图8—4）。

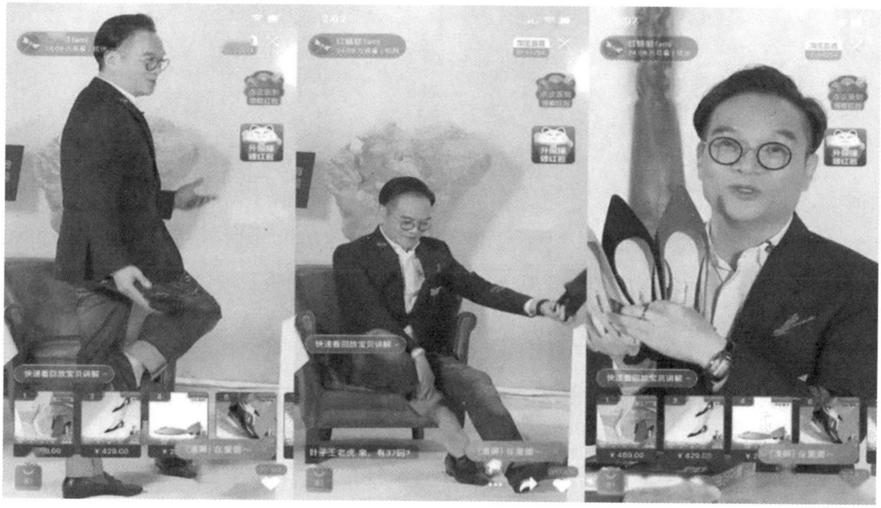

图8-4　红蜻蜓董事长网络直播

长虹·美菱中国区总经理吴定刚当主播，带领网友云游“国内首条5G数字产线”，多角度展示电视细节，讲解不同类型电视的特点，并在直播间派发大额红包和多重购机福利，市场零售价8999元的电视机，直播到手价仅5999元。整场直播同时在线人数峰值近6万人，促成4万多个交易订单，销售额突破1亿元（见图8—5）。

图 8－5　长虹·美菱中国区总经理网络直播

2. 做好直播带货的要点。

有很多企业尝试走进直播间做“云销售”，但也有很多企业老板不认同这种做法，觉得埋头做事更靠谱。我个人觉得，作为一种新的销售模式，网络直播体现出了跟当下环境匹配的积极作用，且符合未来网络化的消费趋势，未尝不可一试。不过，中小企业的老板想通过亲自上阵直播带货来改变困境还是有一定难度的。做直播带货不是简单地架起手机开个抖音就可以了，而是有门槛的，除了货品要选好外，还要设计好故事，有个好主播，能够满足观众的多重消费心理需求。

那么，企业想试水直播带货，要注意哪些方面呢？主要有以下五点：

1. 好的产品。

因为看网络直播做出的购买决策属冲动型决策，观众在观看直播过程中要非常快地做出购买决定。快消费时代，顾客的耐心是有限的，不可能听你大段讲解复杂的产品专业知识，所以，直播间里卖的产品要有快消品的属性，那些太专业、太小众的产品不适合直播带货这种销售方式。

2. 好的价格。

现在直播带货之所以火爆，主要原因还是打着“全网最低价”的旗号，“最低价＋主播卖力推荐＋试用体验”，想不火都难。本来就是嘛，一个便宜三个爱。当然，这个低价不仅是指零售价格低，还包括有红包、返利、赠送等各种优惠活动，反正就是很超值——“OMG，快快抢！”

3. 好的故事。

纵观这段时间超火爆的一些直播带货，无不是在讲故事上做足了文章：罗永浩的人生跌宕起伏，直播还债，打励志牌；薇娅卖火箭，打惊喜意外牌；“小朱配琦”组合为湖北的农副产品、食品做公益直播，打爱心牌……在这个商业即娱乐的年代，光卖货是不够的，得有好的故事，才能引爆话题、吸引眼球，更好地卖货。你要做直播，打算讲个什么故事呢？

4. 好的造势。

直播带货出量是建立在流量大、粉丝多的基础上的，如果没有人进直播间，那再好的产品也是白瞎。要吸粉、引流，需要提前强力造势，比如通过短视频、软文、朋友圈、广告、用户转介绍等方式来增粉，以保证开直播的时候有足够多的人来观看。罗永浩的直播为什么能带货，看看事前在各种媒体上做的铺天盖地的宣传就知道了。你要玩直播带货，打算怎么造势引流呢？

5. 好的主播。

既然是直播，主播自然是核心。主播的外形、专业度、口才、表现力、知名度、话题度，这些都非常重要。主播要具有镜头感和表演能力。观众不仅是来买货的，也是来看表演图个开心的。要是李佳琦长成黑李逵的样子，他代言的口红你会买？要是主播只会老实巴交地介绍产品，估计你看不了5分钟就退出了。看看“小朱配琦”组合的妙语连珠多能令人开心：“激动的心颤抖的手，推荐什么都买走。”“四个字的不一定是成语，也可能是易烊千玺。”“吃藕不容易变心，因为奇变偶不变。”一般人能有这个口才吗？对于用户来说，主播越知名、越好玩就越可靠，也就越有公信力，推荐就越有效果。

直播可以随便玩，但直播带货就不是人人都能玩得转的了。要玩直播带货，除了要注意以上的要点外，还要关心设备、话题包装、供应链服务等细节，并不是一件容易的事情。不要看到人家搞得风生水起，你就着急扑进去。凡事都有成本和风险，要根据自己的实际情况做理性评估，周全准备、小心尝试。

第四节 实体零售如何理性借势直播

实体零售原本是服务行业，其根本是卖服务。在各种购买要素中，价格的确很重要，但不是唯一。品质、价格、服务、环境、体验、参与、互动这些也都很重要。实体零售应该卖价值，而不是卖价格！服务优化和体验提升是增加附加值的最大机会点，因为商品价格可以同质化，但服务和体验不会（见图8—6）。问问你自己：有多久没认真研究过你的顾客了？有多久没调整陈列方式了？有多久没寻找、开发好的产品了？有多久没优化你的供应链效率了？好吧，问个简单的——有多久没打扫气味“玄妙”的厕所了？

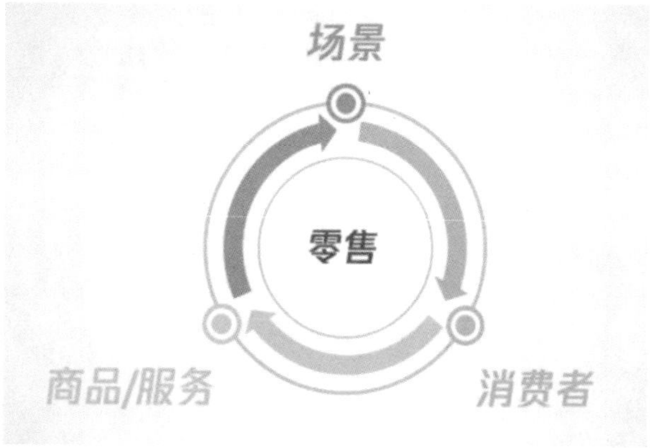

图8－6　零售要素

新冠肺炎疫情期间，正常的零售经营秩序受到了很大的冲击，光临零售门店的人数大大减少。这场意外的灾难也促使业界深刻思考，最终发现，实体零售店不应简单地学直播卖货，而是要改革：

（1）改变单一的到店模式，建立“到店＋到家”的服务模式。

（2）改变单调的卖货属性，赋予门店“购物＋体验＋社交”的复合价值。

（3）改变关注的核心，从关注商品（货）、关注现场（场）转变到关注顾客（人）。

门店的经营核心不应是商品，而是关注顾客。互联网时代，一定要建立用户思维。虽然顾客的重要性大家都知道，但我们要改变观念——顾客不只是来买东西的人，也不是遥远的上帝，顾客和门店应该是一家亲。这也正是会员经营的核心。不然，就算大数据告诉你有10万会员，但如果你没有走进顾客的心中，那么他们也并不属于你，分分钟会被线上渠道抢走，被竞争者抢走。没有那么多跨界的神话，做好自己的本分工作才是正道。

互联网时代，创新迭代分外快，对任何新鲜事物保持关注、善于学习是非常重要的，直播带货这种新的销售模式尽可一试，但是不要本末倒置（见图8—7）。

图8－7　实体零售开展网络直播

实体零售可理性借鉴直播带货，做借势直播：

1. 跟大品牌一起做直播，借势厂商。

借势厂商的品牌、资源、价格甚至是主播小姐姐。实体零售店做好供应链服务就很好了，真没必要动不动就派出老总亲自当主播，不是每个老板都是格力董小姐那样的“网红”，自带流量。再说了，你有人家主播小姐姐长得漂亮吗？你有专业主播的口才吗？给个面子来围观的，还不都是自己人？哄你开心，还不是怕被你扣工资？

2. 跟时政结合做直播，借势市场。

类似于新冠肺炎疫情期间为帮助湖北复工复产，央视主持人、各路明星、头部主播都为湖北直播带货，零售店完全可以抓住一些时政话题，与政府、明星们合作开展聚焦某个事件的专场直播，借势市场，利用多方资源（见图8—8）。实体零售的老板们真没必要“吭哧吭哧”去干那么多自己并不擅长的活儿。

图8-8 时政明星做公益直播

3. 灵活改良做微直播，借势员工。

实体零售可能没有顶级的带货主播，但有庞大的员工队伍啊，每个人都可以是一个带货主播。做不了大型的专业直播，可以改良一下，做微直播啊：上班的时候，在门店现场介绍一样新产品，介绍一个好活动，把带货自然化、常态化、生活化（见图8—9）。当然，员工做微直播不要太密集，一天发10条卖货的朋友圈那就成微商了，就要被好友们屏蔽了。

图8－9　实体门店导购现场直播卖货

这个世界一直在变化，无论你愿不愿意，改变都势不可挡。懂得随机而变的，就可把握住机会，开创新局面；无视环境改变、麻木迟钝的，注定被抛弃。这就是现实。但无论世界怎么变化，实体零售只有回归零售本质，夯实零售基本功，才能获得新生。

第五节 小店的微信公众号

现在人们用微信来沟通的频率已经超过使用电话来沟通的频率了，在与顾客的联系互动中，微信已经是必不可少的通信工具。

常规的做法是老板用自己的私人微信号来加顾客，甚至有些老板注册了数个微信号，才能装下诸多的顾客。从规范及效率的角度来考虑，可正式注册一个公司的微信公众号，这样显得正式些，且信息发布及互相沟通的效率也更高一些。

目前微信公众号可以注册的账号类型分为三种：订阅号、服务号和企业号（企业微信）（见图 8—10）。比较常见的注册类型为订阅号和服务号。

（1）订阅号：功能侧重于为用户传达资讯，认证前后都是每天只可以群发 1 条消息。

（2）服务号：功能侧重于交互服务，认证后每个月可群发 4 条消息。

（3）企业号：主要用于公司内部通信，需要先验证身份才可以关注企业号。

提示：

（1）如果想简单地发送消息做宣传，建议选择订阅号。

（2）如果希望公众号拥有更多的功能，如微信支付，建议选择服务号。

（3）如果想用来管理企业员工、团队，只对内使用，可申请企业号。

（4）订阅号可通过微信认证资质，审核通过后有一次升级为服务号的机会，升级成功后类型不可再更改。

（5）服务号不可变更成订阅号。

订阅号、服务号、企业号功能区别介绍						
帐号类型	订阅号		服务号		企业号	
业务介绍	为媒体和个人提供一种新的信息传播方式，构建与读者之间更好的沟通与管理模式。		给企业和组织提供更强大的服务与用户管理能力，帮助企业实现全新的公众号服务平台。		帮助企业和组织内部建立员工、上下游合作(伴与企业IT系统间的连接。	
适用人群	适用于个人和组织		不适用于个人		企业、政府、事业单位或其他组织	
功能权限	普通订阅号	微信认证订阅号	普通服务号	微信认证服务号	普通企业号	微信认证企业号
消息直接显示在好友对话列表中			✔	✔	✔	✔
消息显示在“订阅号”文件夹中	✔	✔				
每天可以群发1条消息	✔	✔				
每个月可以群发4条消息			✔	✔		
无限制群发					每天可以群发帐号上限数*30人次	
保密消息禁止转发					✔	✔
关注时验证身份					✔	✔
基本的消息接收/回复接口	✔	✔	✔	✔	✔	✔
聊天界面底部，自定义菜单	✔	✔	✔	✔	✔	✔
定制应用					✔	✔
高级接口能力		部分支持		✔		部分支持
微信支付——商户功能		部分支持		✔		✔

图 8－10　三种微信号的区别

企业注册公众号的步骤：

（1）打开微信公众平台官网（https：//mp. weixin. qq. com/），点击右上角的“立即注册”（见图 8—11）。

图 8－11　微信公众平台官网页面

（2）随便选择一个类型继续往下申请（后边还需要确认一次的），选择后进入下一个页面（一般企业注册订阅号居多）（见图 8—12）。

图 8－12 账号的类别划分

（3）按照页面的要求填写对应的邮箱，完成激活，进入下一步（见图8—13）。

图 8－13 填写基本信息

（4）选择类别。了解订阅号、服务号和企业号的区别后，选择想要的账号类型（此时选择后不能再更改）（见图8—14）。

图 8－14　三种微信号信息发布功能的区别

图 8—15 为订阅号、服务号和企业号在手机端的展示效果。

图 8－15　订阅号、服务号和企业号手机端展示效果

（5）选择类别后就会进入“信息登记”的页面中（我们以订阅号为例进行注册操作）（见图 8—16）。

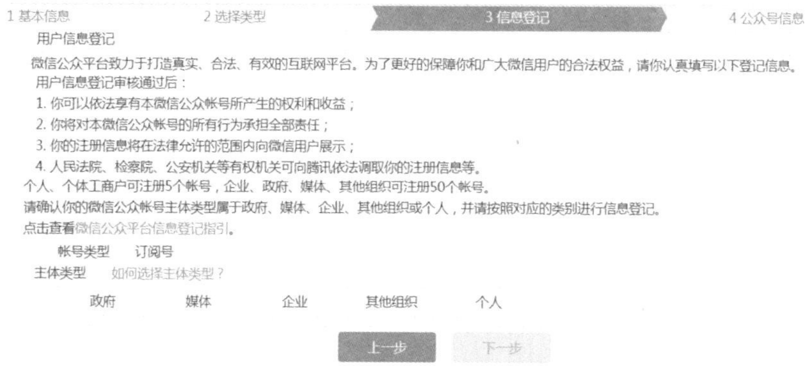

图 8－16　信息登记页面

（6）选择“企业”后会出现一些信息框，需要全部填写，包括企业名称、营业执照注册号等（见图 8—17），然后选择验证方式（见图 8—18）。

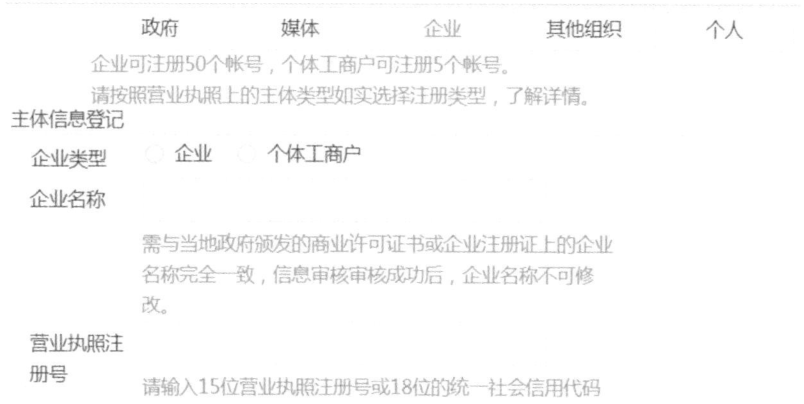

图 8－17　企业信息填写

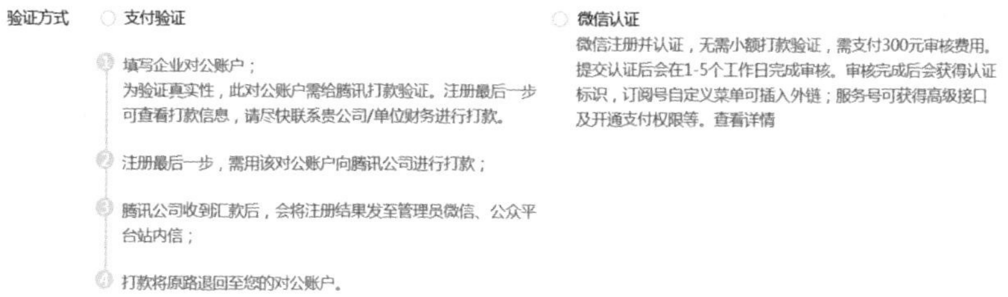

图 8－18　验证方式选择

验证页面中提供了不同的验证方式，需要的审核时间也有所不同。

（7）填写管理员信息（见图8—19）。

图8－19　管理员信息登记

（8）填写完相关信息后，点击“完成”即可（见图8—20）。

图8－20　公众号信息填写页面

（9）注册后微信公众号的认证开通。

进入微信公众平台，依次点击“设置”“微信认证”“开通”（见图8—21）。

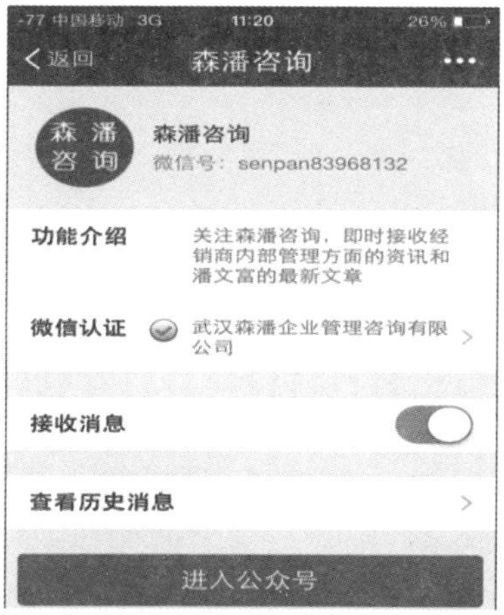

图8－21 认证开通后的微信公众号示例

（10）获取公司微信公众号二维码。

登录微信公众号首页，在左边的菜单栏中点击“公众号设置”，进入二维码下载页面，点击“下载”（见图8—22）。

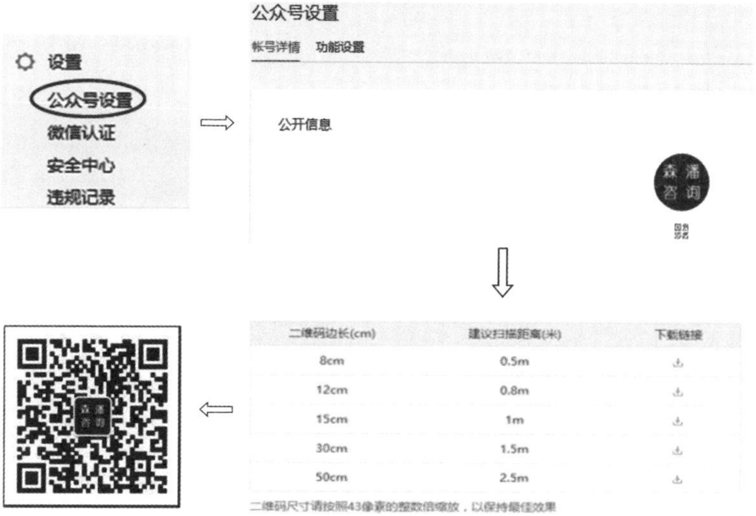

图8－22 获取微信公众号二维码流程